Dictionnaire de la perversion

Transformation de quelques concepts psychanalytiques

Fidèle à sa volonté de maintenir vivant l'ensemble du catalogue et de continuer à rendre accessible à tous la richesse de son contenu, Les marques du groupe L'Harmattan proposent les ouvrages, même s'ils sont épuisés dans leur premier tirage, et les impriment à la demande.
Au vu de l'ancienneté de ce titre, un exemplaire original a été numérisé pour être réimprimé, ce qui pourrait altérer légèrement la qualité de certains passages.

ISBN : 2-7475-2987 -8

Didier MOULINIER

Dictionnaire de la perversion

Transformation de quelques concepts psychanalytiques

L'Harmattan
5-7, rue de l'École-Polytechnique
75005 Paris
FRANCE

L'Harmattan Hongrie
Hargita u. 3
1026 Budapest
HONGRIE

L'Harmattan Italia
Via Bava, 37
10214 Torino
ITALIE

Acte

Qu'est-ce que le symptôme, c'est la fuite du robinet. Le passage à l'acte c'est l'ouvrir, mais l'ouvrir sans savoir ce qu'on fait. (Jacques Lacan)

Le lacanisme spécifie la logique inconsciente des actes du sujet en distinguant trois sortes d'actes. 1° L'« acte manqué », foncièrement lié à l'inconscient, procède d'un retour du refoulé : il est message et langage. 2° L'« *acting out* » paraît directement lié à l'objet 'a' mis en scène et, par cette présence matérielle du désir, témoigne d'une absence de parole. Confronté à l'impasse d'un « choix forcé » (ou bien... ou bien..., « la bourse ou la vie »), le sujet surgit et agit dans le réel, non sans livrer son désir à l'interprétation de l'Autre (c'est un appel, qui tient compte encore de l'inconscient). 3° Le « passage à l'acte » est pure jouissance, par identification à l'objet, et procède donc d'un impossible à dire. Il relève de la logique (désespérante) du choix exclu (ni... ni...) et donc se montre plus destructeur, plus annihilant. Il conviendrait d'ajouter une quatrième espèce d'acte, l'acte vrai, dont l'acte analytique est l'emblème en tant que signifiant et inscription dans le réel. Mais, en vérité, tout acte ou passage à l'acte change un sujet, parce que celui-ci disparaît sous son acte avant de réapparaître, différemment, dans le symbolique (pour le meilleur ou pour le pire). On pourrait penser que la structure perverse concerne surtout le passage à l'acte en tant que mode avéré de jouissance. Or il n'en est rien, malgré le vieux *credo* analytique selon lequel le pervers « réalise » ce que le névrosé se contente de fantasmer. Certains fantasmes de névrosés ne sont pas sources de symptômes mais bien de passages à l'acte, comme Freud l'avait déjà observé. Il y a donc une confusion théorique entre « acte » et

« passage à l'acte ». Il faut comprendre ce dernier comme un précipité de jouissance, en l'absence de tout Autre symbolique, un véritable coup de folie ponctuel ne relevant d'aucune structure spécifique. L'*acting-out* également, à sa manière, constitue un rapport inopiné à la jouissance, cette fois dans la reconnaissance de l'inconscient. Tandis que l'acte proprement dit, au sens de l'acte pervers, n'a rien d'exceptionnel : il est une manière d'être dans la jouissance et dans l'imaginaire, médiatisée par l'érection du fétiche, et consiste en l'usage de ce dernier. On comprend mieux pourquoi l'*acte* pervers est le pendant du *symptôme* névrotique, même si ce n'est pas l'acte qui fait la perversion, pas plus qu'un symptôme ne prouve l'existence d'une névrose. Cet acte est plus précisément une *mise en acte* de la réalité sexuelle du pervers, ou selon le pervers, soit la croyance en un rapport sexuel où un petit 'a' pourrait combler la béance d'un grand A. Ce n'est donc pas un « passage à l'acte », qui impliquerait la disparition du sujet, même si par ailleurs un pervers n'est jamais à l'abri de passages à l'acte (criminels ou autres), dans certaines circonstances bien précises (lorsque la crédibilité du fétiche est en cause). On ne comprend rien à l'acte pervers si l'on en fait simplement l'expression de la pulsion, alors qu'il constitue plutôt une mise-en-scène du fantasme. En effet, la pulsion n'a pas de « sujet » en tant que pervers, puisque celui-ci n'apparaît, éventuellement, qu'une fois le bouclage de la pulsion effectué, en fonction du lieu où il va se constituer. Dans le cas du pervers, il s'agit de l'objet. La finalité de l'acte pervers apparaît donc bien différente de celle de la pulsion : si celle-ci vise la satisfaction immédiate du sujet, celle-là entreprend de faire jouir l'Autre. La fonction de l'acte pervers est de montrer l'Autre comme incomplet (alors qu'il n'est qu'inconsistant, du point de vue symbolique) pour obturer « lui-même » ce trou imaginaire. Le paradoxe insoutenable du pervers, sa division interne, est de devoir initier et soutenir une action qui le destine à une pure fonction de complément, d'être à la fois le réalisateur de la pièce et une pièce du décor où il s'annule. Or cette subjectivité divisée n'est-elle pas le fantasme partagé du pervers et de la psychanalyse, véritables démiurges d'une réalité somme toute imaginaire ? Non que l'acte pervers, en tant que mise en acte du fantasme inconscient, ne soit celui d'un sujet dont la structure ne puisse être désignée, en l'occasion, comme perverse ; mais « il » ne peut le commettre que parce qu'il est déjà « agi » (et non seulement agité), déjà fétichisé (et non fétiche), perverti (et non pervers)… non en tant que sujet ou structure psychique (puisque ceci est la raison dont il faut précisément rendre compte), mais bien sûr en tant qu'homme réel, ce réel-en-cause dont le fétiche et l'objet en général ne sont que des figures grimaçantes. L'« Agi » comme cause de dernière instance, cette sorte de participation « au passé » de l'acte, est elle-même sans cause (pas même cause d'elle-même), défiant la raison psychanalytique et philosophique.

Amour

L'amour est au fond besoin d'être aimé par celui ou celle-là qui pourrait vous rendre coupable. (Jacques Lacan)

Le sujet dont il s'agit, celui dont nous suivons la trace est le sujet du désir et non pas le sujet de l'amour pour la simple raison qu'on n'est pas sujet de l'amour : on est ordinairement, on est normalement sa victime, c'est tout à fait différent. (Jacques Lacan)

Partant du fait que le sujet pervers s'identifie à l'objet pulsionnel, par essence dépourvu de spécularité, on peut en déduire que le semblable n'existe pas pour lui, au sens où le semblable, l'analogue, est une première étape dans la reconnaissance du prochain. Il ne vise pas, comme le sujet névrosé, à recouvrir le manque dans l'Autre du voile de l'amour, amour qui ressortit en cela à l'imaginaire. A la place, il soumet sa victime à un jeu cruel destiné à lui faire porter tout le poids de la question et de la division, sur le mode de l'angoisse, tandis qu'il se pose, lui, comme objet-réponse du côté de la jouissance. A la question : le pervers est-il capable d'amour ?, il faut associer celle-ci : de quel amour paternel tente-t-il de se protéger ? Il y a le père aimant et aimable qu'idéalise le névrosé, celui que le sujet doit tuer symboliquement à l'issue du complexe d'Oedipe. Cet amour qui fonctionne comme une métaphore pourra faire advenir, chez le névrosé, un amour de transfert nécessaire à la conduite d'une cure. Et puis il y a la brute jouisseuse, le père de la horde que l'on ne peut rejoindre qu'au moyen d'un amour-passion arbitraire et violent, littéralement « dévorant ». Le pervers pédophile s'identifie volontiers à ce père jouisseur qui, sous des dehors protecteurs, parvient généralement à hypnotiser et à méduser ses victimes. Par conséquent, même s'il n'est pas vécu sur le mode sentimental, l'amour vrai ne fait pas faute au pervers, c'est le cas de le dire. Tout le problème est là : il ne manque pas, il ne consiste pas à donner le manque, selon la formule de Lacan. Il veut tout donner, tout prendre, la vie, la mort, et l'amour lui-même dans un comble de narcissisme et d'idéalisme. Car, bien sûr, ce n'est pas pour l'amour des enfants, comme il le prétend, qu'un pervers pédophile s'en approche et tente de les séduire, mais bien au nom de l'amour lui-même : Eros incarné ! S'identifiant au père aimant, au père traumatisant, il ne peut que traumatiser à son tour au nom de l'amour. Aussi faut-il réviser l'image trompeuse du pervers au passé d'enfant mal-aimé ou maltraité ; la seule mal-aimance ou maltraitance est ici imputable à l'excès d'amour, cet amour possessif et exclusif directement interprété comme volonté de jouissance (sexuelle). Ignorant la fatalité de ce cercle, celui de la causalité empirico-idéaliste où l'aimé violenté devient à son tour amant violent pour avoir justement sacrifié l'aimé à un désir d'amour idéal, nous préférons poser *d'abord* l'identité de l'aimé - avant d'être un sujet mal ou trop aimé, tout homme est *aimé* -, et ensuite seulement le sujet amoureux dans son principe nécessairement narcissique. En tant que radicalement *secondaire*, ainsi irréalisé, détaché, désangoissé (etc.), l'amour narcissique totalement assumé constitue l'unique alternative aux déboires et aux perversions de l'amour altruiste.

Autre

Le pervers ne jouit pas parce qu'il veut produire la jouissance de l'Autre – elle l'obsède, c'est un monomane –, nullement la sienne. (Hervé Castanet)

Il y a la question du névrosé : *Ché vuoi* ? Et celle du pervers : « Que veut l'Autre ? ». Mais à la différence du premier, le pervers dispose d'un savoir indubitable, d'une réponse préétablie à la question : l'Autre veut la jouissance. Il la lui faut, c'est une loi inconditionnelle, un véritable impératif catégorique... De plus, le pervers interprète à sa façon cette jouissance et cet impératif : il s'agirait de purifier le corps de l'Autre, le nettoyer de son emprise par le signifiant, en se faisant soi-même l'objet réel dont il aurait été décomplété. Le pervers se veut l'instrument de la jouissance de l'Autre, un bouche-trou zélé soucieux de restituer un Autre vraiment absolu ; d'où sa tentation, fréquente, de rejoindre les plus fidèles serviteurs de Dieu (comme dans les écrits du marquis de Sade) – ou de Satan. A cet égard, l'échec du pervers est double. Logiquement d'abord, cet Autre n'existe pas : ni complet, cela s'entend, ni même incomplet car l'Autre comme tel est symbolique et ne saurait donc manquer de quelque « chose » (qu'incarnerait le sujet pervers auto-fétichisé, réifié, instrumentalisé). Par contre il est proprement « inconsistant », il lui manque au moins un signifiant, que Lacan épingle comme celui du réel de la jouissance féminine. Pratiquement ensuite, le pervers parvient tout juste à une simulation, un simulacre de la jouissance de l'Autre au moyen d'une mise en scène piteuse, indéfiniment renouvelée. C'est au point qu'il en oublie, la plupart du temps, de jouir « lui-même ». Sa condition de serviteur, de larbin, ou de « prostitué de Dieu » (Guyotat) ne l'effleure même pas, d'autant qu'il s'identifie imaginairement à l'Autre, se croit en communion avec l'Autre, *est* l'Autre. Il est probablement moins obsédé par celui-ci en tant que tel (comme le serait un mystique) que par la volonté de jouissance qu'il lui suppose, donc d'une certaine façon par la division de l'Autre... Lacan insiste aussi sur la division du sujet dans la perversion, révélatrice d'une perception traumatique du manque dans l'Autre. Peut-on réussir là où le pervers échoue, non seulement à jouir, mais à jouir en tant qu'Autre ? Certes, cela ne revient jamais à compléter l'Autre, mais à le poser dans son identité d'Autre, si l'on peut dire, en tant que *jouissance*, « avant » toute imputation d'un manque et donc *d'un désir de jouissance*. La théorie analytique mérite d'être infléchie dans ce sens : l'Autre n'est ni réel ni symbolique par essence, mais imaginaire, de cet imaginaire corporel où se tient la jouissance comme Multiple (l'« Autre jouissance » de Lacan revisitée...).

Castration

Le pervers se soustrait à ce point de bascule en s'enfermant dans la représentation d'un manque non symbolisable qui l'aliène et le condamne, par là même, au labeur sisyphien d'une contestation psychique inépuisable sous les auspices du désaveu de la castration de la mère. (Joël Dor)

On sait que le désir de l'homme obéit à une logique « phallique » actualisée sur fond de drame oedipien, associant fermement le désir à la Loi et à la symbolisation. L'identification phallique du sujet consiste donc en l'attribution d'un signifiant, précisément celui du manque qui conditionne tout désir.

L'identification déployant le processus pervers n'échappe pas à la dimension phallique, même si, dans le contexte infantile « prégénital » où elle intervient, elle se réduit à instituer le sujet pervers en unique objet (phallique) du désir de la mère. Celle-ci incarne la jouissance en apparaissant tout d'abord comme un Autre tout-puissant, puis comme un Autre manquant : il le faut bien pour que l'enfant puisse se proposer de combler ce manque et régler son propre désir à cette enseigne. Cette identification phallique n'est rien moins qu'imaginaire et se voit contrariée par le réel de la castration sans cesse entrevu, sans cesse dénié. Cela a pour conséquence de barrer l'accès à la castration symbolique, celle qui consiste à assumer ce manque grâce à l'intervention médiatrice et symbolique du père. Sur ce terrain imaginaire, le père reste un rival lui-même réduit au rang d'objet supposé du désir de la mère. Le phallus n'est pas encore cette fonction (et accessoirement cet organe) dont on dispose, dans le registre de l'*avoir*, mais cette chose imaginaire que l'on s'imagine *être*. Pour le sujet pervers, c'est plutôt la mère qui *a* le phallus, attribution qui résume l'objet réel de son désir, soit la complétude ou la jouissance maternelle. Une telle disposition psychique, si manifestement irréaliste, ne peut qu'engendrer une « angoisse de castration » (l'angoisse étant une confusion des ordres de l'être et de l'avoir) et un ensemble de dispositifs défensifs destinés à la neutraliser. Freud en distinguait deux principaux : la fixation et le déni de la réalité, déterminant respectivement ces deux figures classiques de la perversion que sont l'homosexualité et le fétichisme. L'homosexuel reste « fixé » sur l'image d'une mère possédant un pénis, de telle sorte que les femmes réelles manquent toujours de ce précieux attribut, ce qui narcissiquement le conduit à courtiser les hommes. Quant au fétichiste, s'il parvient à faire son deuil du pénis réel, il s'empresse de lui trouver des équivalents, ce qui l'autorise à vivre des situations de compromis en désirant des femmes « pourvues » de ce pénis. Bref, dans tous les cas, le désaveu de la castration maternelle empêche le sujet d'accéder à la castration symbolique, dans la mesure où le père est vu comme un concurrent imaginaire et non comme un allié symbolique pouvant instituer une Loi neutre. Un père qui sera l'objet de tous les défis, une Loi qui sera l'objet de toutes les transgressions. Ce que le pervers ne peut pas symboliser autrement que sur le mode du tout ou rien (mode de l'être), et ce que représente justement la fonction paternelle dans la mesure où un père est toujours « pour une femme », ce n'est pas autre chose que le réel de la différence sexuelle. La castration n'est pas autre chose que cette symbolisation qui institue le droit au désir en tant que désir du désir de l'autre (le père est cet Autre médiateur pour l'enfant), et abandon du droit narcissique à l'objet initial du désir.

Cependant on n'admettra pas aussi facilement cette détermination de la fonction désirante par la médiation symbolique, la réduction proprement castratrice du désir au « droit au désir » (ne soyons pas étonnés que d'aucuns tournent ce droit en devoir obsessionnel ou en volonté perverse de jouissance). On remettra en cause la dialectique de l'être et de l'avoir comme recouvrant une distinction forcée entre deux sortes de castration : d'une part la castration maternelle en tant que manque réel, censément désavoué par le pervers, et d'autre part la castration symbolique, celle du sujet, qui désormais doit intégrer ce manque. Mais le statut « réel » de la première n'est pas clair : la toute-puissance imaginaire de la mère n'est-elle pas d'emblée... symbolique (dans le battement arbitraire de son absence/présence) et langagière, comme le suggère Lacan lui-même ? La possession du phallus n'est-elle pas d'abord signifiante ? En réalité la dialectique phallique se soumet à la règle faussement universelle, et anthropologiquement réductrice, d'un désir de l'Autre thématisé par le discours analytique comme désir de jouissance. Théorie infantile de la psychanalyse qui imagine l'homme désirant le réel, comme l'enfant désire le corps maternel ! Le discours sur le désir incestueux est largement surdéterminé par cette théorie elle-même incestueuse à l'égard du Réel, posé tantôt comme Autre absolu (la Chose...) tantôt comme différence radicale (différence sexuelle). La doctrine de la jouissance (incestueuse) s'enracine dans la première version, tandis que la théorie du désir (castré) découle de la seconde. Autrement dit, pour la psychanalyse le Réel ne détermine la jouissance que sur un mode circulaire, dans la mesure où il est simultanément visé comme objet de jouissance. D'une certaine façon le pervers prend acte de ce réel castré, réduit, objectivé, en le mettant lui-même en acte ou en scène, et l'exhibe comme pierre de touche de l'analyse. Il montre à sa manière qu'il est possible de vivre-en-jouissance la castration, bien décidé de n'en rien laisser perdre ! Il prend acte également de la place et de la fonction que lui réserve la psychanalyse, celle de l'objet phallique fantasmatiquement « joui » par la mère. De cette place de castré, de recalé de la psychanalyse (« laissez *tomber* » conseille-t-on à l'analyste débutant embarqué avec un patient pervers), il transforme la jouissance castrée en jouissance de la castration : c'est bien ce qu'on lui reproche, il jouit de la castration du psychanalyste ! Quant au « non-psychanalyste », il jouit tout simplement de la psychanalyse en tant que doctrine réussie de la castration et théorie manquée de la jouissance. Il ne s'agit bien sûr ni d'une jouissance sexuelle (le réel ici n'est plus sexuel) ni d'une méta-jouissance abstraite, mais, comme dans le cas du pervers, d'une jouissance proprement *sexuée* et *castrée*, non pas pour faire Un, mais *depuis* l'Un.

Chant

Mais, quand il m'arrive de trouver plus d'émotion dans le chant que dans ce que l'on chante, je commets un péché qui mérite punition, je le confesse ; et j'aimerais mieux alors ne pas entendre chanter. (Saint Augustin)

La religion – en particulier chrétienne et islamique – a toujours vu dans la voix humaine un objet de fascination relevant tour à tour du divin et du diabolique, lui inspirant à la fois un profond respect et un sentiment d'horreur. Derrière et peut-être avant le lyrisme, la beauté musicale de la voix, se trouve la voix tranchante du Père et donc la loi entrant directement en concurrence avec la jouissance (plus féminine, maternelle ?) du chant.

Les religieux se partagent donc en deux écoles, car s'il faut célébrer Dieu avec le « cœur » (i.e. l'esprit), chanter ses louanges dans son cœur, la question se pose de savoir si la voix doit participer réellement, physiquement, de ce chant. Le camp qu'on pourrait appeler intégriste ou dogmatique ne veut « entendre » que la voix pure, purement intérieure et spirituelle, divine en fait, tandis que dans une tradition plus mystique (mais non moins intégriste sous certains aspects) on pratique le chant lyrique comme un moyen de « rejoindre » Dieu. On voit ainsi s'opposer le parti de la rigueur et celui de la transe, aussi bien chez les chrétiens (Saint Jérôme contre Saint Ambroise) que chez les islamistes (légalistes contre soufis). Evidemment, les partisans du lyrisme eux-mêmes n'ignorent pas les dangers inhérents à leur pratique, le risque de confondre transe mystique et possession démoniaque. Une position médiane (cf. Ghazzali, par exemple) consiste à poser ensemble la voix divine et la visée du chant mystique dans la perspective d'un inaccessible silence, signifiant de la présence divine. Au pire, le lyrisme représente un adjuvant pour la méditation et la prière dont on peut se passer, au mieux il métaphorise la dimension d'excès de la parole et amorce une relation fusionnelle avec le divin. Dans tous les cas, la musicalisation du divin correspond à sa féminisation : séduction diabolique pour certains, élévation vers la pureté et le mystère pour d'autres (ce qu'atteste, bien entendu, le culte marial chez les chrétiens). Si l'on accorde au féminin la jouissance lyrique des mystiques (à laquelle n'est pas étrangère, dans un autre domaine, celle des amateurs d'Opéra, ces mystiques du lyrisme vénérant la Diva), la jouissance diabolique (méphistophélique) se signifie dans la parole réduite à son articulation pure - effet de la gravité extrême de la voix qui tend à mimer, de façon assez troublante, en ces confins mythiques où le père et la bête ne faisaient qu'un, l'énonciation de la loi. Le « champ » de la jouissance semble donc réellement porté par le chant comme jouissance féminine du divin. Même les partisans du lyrisme et de la transe assimilent le chant avec la jouissance du divin, à l'exclusion de toute jouissance du *chant* pour lui-même. L'amour de Dieu est chant, la foi se fait lyrisme, mais le *chanté* purement vocal ressortit au Diable et à la perversion. Il appartient à la mystique « ordinaire », autrement dit à la non-mystique de poser identiquement Dieu ou le Chanté comme la matérialité du chant, et condition réelle du lyrisme.

Contrat

Dans la mesure où l'analyse engage un rapport duel sans référence tierce, on est dans quelque chose qui ressemble, de près ou de loin, au contrat pervers caractérisé par l'absence de référence tierce. (Jean Clavreul)

Il est une constante dans les rapports du pervers avec l'Autre en général : c'est sa façon de tourner la loi en la transformant en contrat. Mais une espèce de contrat bien particulier, d'où le tiers est absent. Par exemple dans la maxime sadienne qui me garantit le droit de jouir de la totalité ou d'une partie du corps de l'autre, aucune mention n'est faite du désir de cet autre, comme étant précisément arrimé au désir d'un tiers, un grand Autre. Dans tout contrat pervers, ou perverti, l'instance tierce se trouve ainsi en position d'exclusion (Lucien Israël dit le contrat de mariage est de nature perverse parce que l'amour en est exclu !). La situation analytique elle-même, dans laquelle un sujet pervers peut être amené à se trouver, deviendra perverse si ce dernier parvient à ses fins qui est d'abolir le désir du psychanalyste, de l'annihiler comme parole désirante silencieuse et de le réduire à un regard, dans une position de face-à-face (surtout pas de divan !). Transformer la situation analytique en mise en scène du fantasme. On peut poser la question de savoir si l'analyse ne se transforme pas quelques fois, en l'absence de toute éthique, en une mise en scène perverse. Les psychanalystes sont tellement persuadés d'être avant tout des névrosés, ayant certes traversé leur propre fantasme après des décennies de cure, qu'ils écartent un peu vite l'hypothèse de leur propre perversion. Car ce n'est pas seulement en tant qu'hystériques qu'ils en arrivent à se laisser piéger par un patient pervers : parfois ils vont jusqu'à manifester une complicité active. C'est le cas lorsqu'il érigent à la place de l'instance tierce un être aussi peu crédible et aussi abstrait que l'institution psychanalytique elle-même. Inutile de dire que le pervers, contrairement au névrosé peut-être, n'est pas dupe : il s'oppose de tout son être à cet écran de fumée qu'est le discours, en rappelant que la vrai cause, c'est l'objet de jouissance qu'il incarne. Pire encore, si le psychanalyste entend faire triompher à terme l'ordre moral, s'il prétend faire rentrer le pervers dans la norme en vigueur (faire d'un homosexuel un hétérosexuel par exemple), son échec est assuré. D'une manière générale, quand l'analyste tente de modifier le désir de l'Autre, de le manipuler pour quelques fin que ce soit (fût-ce le guérir ou lui faire du bien), il joue un jeu pervers et devient complice de son patient. Celui-ci aura beau jeu de l'identifier à un gendarme, gardien d'une loi stérile que l'on peut s'amuser à défier. Car, spontanément, le pervers n'aborde pas l'analyste par le biais de son savoir supposé, comme dans le transfert du névrosé, mais depuis son pouvoir supposé. Il entend démontrer que son propre pouvoir est supérieur, comme pouvoir de faire jouir. Il parviendra à ses fins si l'analyste entre imprudemment dans le contrat que souhaite établir le patient ; ce contrat stipule que chacun des deux protagoniste aura à y *gagner*. Donc il faut se représenter le pervers comme un être défiant a priori toute loi sociale, y compris la règle analytique lorsque celle-ci se présente comme une technique à visée normative, contractuelle, car le sujet n'aura alors aucune peine pour lui substituer son propre contrat de dupe. Au moins le pervers n'est pas ignorant du pouvoir de l'objet, en tant que cause du désir et de la jouissance de l'Autre. C'est toute la valeur de son éthique, si l'on peut dire, même si elle peut sembler un peu provocatrice ; l'intérêt pour l'objet amène d'autre part une véritable compétence esthétique et artistique. La psychanalyse ne devrait-elle pas y trouver matière à enseignement ? Ne faut-il pas abandonner toute idée de normes et de contrats en psychanalyse (déjà Lacan opposait un « style » personnel à la technique standardisée de l'IPA), quand on sait qu'un patient consulte généralement pour se défaire d'une sorte de contrat pervers et même diabolique, celui qui le lie à son symptôme. A moins que la psychanalyse ne prenne officiellement la place de ce symptôme, ou que le psychanalyste ne devienne effectivement objet de jouissance du pervers (dans le cas où l'analyse reconduit simplement le contrat) il est nécessaire de poser d'emblée le contrat comme *perverti*. Le psychanalyste et le pervers accèdent maintenant à une sorte de reconnaissance mutuelle, passant ensemble du côté de la non-perversion.

Couple

Mais s'il n'y a pas d'amour, quel est donc ce lien qui assure l'extraordinaire solidité de certains couples de pervers ? (Jean Clavreul)

On serait assez mal fondé à disjoindre la perversion de l'amour, voire de l'amour conjugal, étant donné la particulière solidité de certains couples pervers et le talent non moins remarquable que ces sujets manifestent à témoigner littérairement de l'amour. Certes il ne s'agit pas de romances, et il conviendrait de distinguer parler d'amour et discourir sur l'amour. Mais il n'est pas exclu que ce discours puisse séduire l'autre, l'embobiner, le ravir, d'autant qu'il ne se livre jamais que sous la forme contraignante du contrat. Le contrat pervers n'exclut pas l'autre, comme on le lit parfois, mais il réduit l'autre au rang de spectateur impuissant et par là complice. La rupture de ce type particulier de lien amoureux, la rupture de ce couple ne peut donc avoir pour cause que la rupture du contrat en question. La cause de cette rupture réside dans le scandale dévoilé, dans le fait qu'à un moment donné le secret scellant au plus profond le contrat est dénoncé par l'un des deux partenaires. Comme si la règle factice qui leur tient lieu d'entente, comme si le savoir faire partagé n'avait de consistance qu'à demeurer ésotérique, et potentiellement menaçant pour l'extérieur. Ceci dit, si l'amour pervers ne se nourrit pas du désir de l'Autre, comme chez le sujet « normal », il ne réside en aucune manière dans la fusion, ou dans une symétrie que la réversibilité sado/maso, par exemple, pourrait à tort laisser croire. Pour comprendre la consistance même du couple pervers, il faut en souligner l'essentielle disparité. Pour que la perversion fonctionne, il faut toujours que l'un soit identifié comme le pervers pour l'autre, afin que ce dernier puisse entrer dans le jeu en tant que victime consentante, complice, et au bout du compte manipulatrice. Tout est fait que pour que la manipulation se répète à la perfection et triomphe ; cela suppose une certaine « tenue », un « savoir vivre » conjugal, ne serait-ce que pour respecter et entretenir la mécanique elle-même... ; si l'autre doit finalement être réifié et utilisé comme objet de jouissance, il doit être en quelque sorte protégé dans son altérité même. L'angoisse ne peut être suscitée en l'autre que sur fond d'une liberté et d'une intégrité parfaitement respectées : du moins cela fait-il partie des apparences et du jeu lui-même. La subjectivité de l'autre – nécessaire, comme on l'a dit – n'apparaît-elle pas en effet sous la forme du regard ? Mais ce sujet-Autre, pour le pervers, est immédiatement objectivé ; de la sorte, l'Autre dans le jeu pervers se tient plus précisément dans *l'œil* séduit qui regarde. D'une part le pervers s'identifie à cet oeil du fantasme, en quoi consiste l'essentiel de toute perversion, d'autre part la présence effective de cet œil est requise dans la mise en scène le conduisant à la jouissance (c'est la différence avec le névrosé qui se contente d'en rêver). Il est le garant de l'illusion dont le pervers se nourrit et où il évolue. Comme support du couple, selon les différents niveaux où on considère celui-ci, l'œil complice peut aussi bien être le partenaire permanent des jeux érotiques (le mari ou l'épouse, pourquoi pas), ou bien un troisième larron recruté à l'occasion, ou encore « les autres » (voisins, etc.) d'une manière beaucoup plus générale. Dans l'inconscient, demeure en priorité le regard de la mère qui, tout en défiant celui du père, désigne en même temps cette place que le pervers aura à cœur d'investir et de revendiquer, pour mieux en marquer l'inanité. L'essentiel est que la Loi puisse être représentée, puis défiée, détournée, donnée en un spectacle plus ou moins grandiose qui est moins celui de la déraison que celui de la dérision. La loi se fonde toujours sur la négation d'une jouissance, c'est pourquoi elle est fautive et inutile aux yeux du pervers. De plus le couple pervers honore un contrat plus avantageux ne reconnaissant qu'un impératif : celui de jouir. Il convient d'accentuer le fait que le *sujet* pervers se ramène à l'existence du couple, au-delà des deux individus qui le composent, de sorte que la perversion pourrait se définir comme une manière de faire couple en jouissance. Le couple est une association intrinsèquement perverse ayant pour fin la jouissance, et le mariage légalisant la jouissance (de toute sorte de biens) constitue la plus grande de ces perversions. Quant aux individus, rétifs à toutes sortes de « mariages », littéralement « incapables » de perversion en tant qu'« uns », ils n'en sont pas moins réels. Leur quant-à-soi radical permet, au sein même du couple, de jouir au second degré de cette jouissance perverse de couple où chacun s'amuse, bien entendu, à jouir au dépend de l'autre...

Crime

On ne devient pas criminel si on ne rencontre pas une situation sans issue : une impasse identificatoire ou réelle, la vacillation du fantasme, qui font surgir une angoisse insupportable pour les névrosés non-désirés ; l'impossibilité de se protéger de l'angoisse de mort par un scénario répétitif chez les pervers (ratés) ; lorsque l'Autre laisse tomber le sujet psychotique, ou quand ce dernier cherche à « atteindre chez celui qu'il frappe le kakon *de son être.* (Jacky Bourillon)

Le crime est un « passage à l'acte » de type transstructurel, concernant aussi bien les sujets névrosés que pervers ou psychotiques. Les névrosés criminels sont souvent des enfants non désirés ou s'imaginant tels, fixés à ce temps du stade du miroir où, normalement, se produit le recouvrement du trou dans l'image par le regard de l'Autre ; mais si celui-ci traduit un désir de mort, le sujet sera contraint de se fabriquer l'image d'un moi fort, en tentant d'incarner, au niveau du moi idéal, le signifiant de l'idéal du moi, et lorsque le vide réel du moi transparaît à l'occasion, le sujet se précipite dans le passage à l'acte pour fuir l'angoisse. Il s'agit toujours d'une angoisse de castration imaginaire que le symptôme, trop fragile ou insignifiant pour conférer un sens à l'existence, chez ces sujets enclins au passage à l'acte, ne parvient pas à endiguer. Inconsciemment, ils s'identifient à un déchet (non désiré) dans le regard de l'Autre. Mais, par un mécanisme de défense, ils ne peuvent tolérer d'être vus autrement que sous les auspices du moi fort (idéal) qu'ils ont dû se forger ; toute signification étrangère venant de l'Autre, pouvant remettre en cause ce narcissisme, est interprétée comme destructrice. Du coup, ils prennent les devants et peuvent aller jusqu'à tuer leur semblable ; ne pouvant s'inscrire dans l'Autre via le symbolique, ils s'inscrivent (comme « sujets criminels », et bientôt prisonniers-déchets) en agissant contre l'Autre dans le réel. Les cliniciens relèvent une intolérance particulière, chez ces sujets, à ce qui est perçu comme une féminisation de leur image par l'Autre, et donc directement comme une menace de castration. Cette angoisse face au regard de l'Autre, son désir mortifère à l'égard du sujet, conduit celui-ci moins à replâtrer une identification défaillante qu'à se désidentifier, au moment du passage à l'acte, en faisant table rase. Ils sont acculés à la logique du choix forcé, qui est la logique du pire : ne pouvant être ni ceci, ni cela pour l'Autre, ils choisissent tout ou rien, ils tuent ou bien se tuent. Si ces sujets n'ont pas le choix, si la plupart des névrosés délinquants ou criminels sexuels récidivent, c'est qu'ils sont soumis à une véritable contrainte de répétition : le trauma, la rencontre avec le réel non symbolisable, épouse le rythme métronomique de la pulsion, et des impasses du désir. Il n'en va pas de même chez le sujet pervers, qui n'a cure (c'est le cas de le dire) des énigmes du désir de l'Autre. Le pervers n'interroge pas l'Autre sur son désir, il apporte une réponse à son désir (supposé) de jouissance. En l'occurrence, ne pouvant symboliser la castration maternelle, et se désintéressant du problème de la différence des sexes, il se propose lui-même comme unique objet-réponse au manque dans l'Autre, c'est-à-dire instrument de sa jouissance. Dans un premier temps, cherchant à incarner le phallus manquant de la mère, l'enfant s'identifie effectivement au père, en tant que possesseur dudit. Mais dans un second temps, se produit l'identification au phallus maternel, via un objet supplantant la loi du père, faisant désormais la loi : au mieux un fétiche inoffensif, au pire un enfant (pédophilie) pris pour le phallus imaginaire de la mère. Le tout repose sur un leurre étonnant, que permet la métonymie : faire passer l'objet du désir pour l'objet d'amour primordial. Notons l'amalgame sans cesse entretenu, entre l'inconsistance (symbolique) de l'Autre et son incomplétude (imaginaire), ou encore la confusion rêvée entre corps et jouissance ; les deux erreurs faisant système, puisque c'est pour restituer au corps toute sa jouissance (en niant la médiation du symbolique) qu'il est identifié à l'objet. Venons-en plus précisément à la problématique du passage à l'acte chez les pervers. Il ne faudrait pas s'imaginer que le passage à l'acte est constitutif de la perversion. En fait, il est plutôt le résultat d'un échec (assez rare) du scénario répétitif qui soutient généralement, et disons « normalement », le pervers dans sa jouissance. Le fantasme de celui-ci est structuré de manière à figurer la restitution de 'a' à 'A'. En matière d'objet le pervers est expert, et il ne vient jamais à douter de son savoir ; mais cela n'empêche pas la restitution d'échouer. Car naturellement, en pleine contradiction avec lui-même, il cherche à exprimer cette totalité (complétude) en terme de vérité (consistance), faire passer la jouissance dans le discours. Il se fait même fort de démontrer l'impératif de jouissance à l'œuvre dans le discours de l'Autre. Que se passe-t-il lorsque le sujet pervers en vient au meurtre et au viol ? Cela prouve simplement, dans certains cas, l'échec de la perversion, la faiblesse du scénario de défense contre l'angoisse de castration. En revanche, chez les sujets psychotiques, les crimes sexuels correspondent à une stabilisation perverse ; Père-version qui, dans certains cas, permet de pacifier leur rapport à la loi. Il arrive donc que les voix, les hallucinations, voire le délire poussent le sujet à commettre un meurtre. Le crime est signé par son aspect extraordinairement violent et cru, incompréhensible, le corps sacrifié étant pour et par le psychotique vidé de toute signifiance. A la différence du pervers qui, à travers l'acte criminel, met en scène une jouissance incestueuse, le psychotique tente une séparation d'avec la mère, pour faire cesser le temps d'un acte cette malédiction qui le réduit n'être que déchet, et qui s'avère par moment trop angoissante. Le crime apparaît comme une protection contre l'angoisse, elle-même causée par la confrontation avec une situation sans issue. Inversement, la perversion fonctionne comme une garantie contre d'éventuels passages à l'acte criminels. Contrairement à l'impression péjorative léguée par le sens commun, qui moralise et assimile la perversion avec le crime, en confondant au passage perversion et perversité, on ne veut articuler la perversion qu'avec le crime *déjà réalisé* (ou *passé*) qui lui sert de cause, à la fois intrinsèque et occasionnelle. Le crime ne sera pas actualisé (passage à l'acte) s'il se conjugue au passé, grâce à la perversion, et si le passé n'est pas lui-même constitutif de l'acte (théorie de l'inceste et du trauma classique, psychanalytique) mais de l'*agi* comme *passivité* radicale.

Culture

La prohibition de l'inceste se trouve alors chargée de définir une norme de la sexualité, qui place les comportements pervers dans le registre de la méconnaissance de cette prohibition. (Georges Lanteri-Laura)

Il paraît bien difficile d'isoler des critères strictement culturels en vue d'une définition de la perversion. Ce que nous nommons ainsi aujourd'hui, principalement en rapport avec les comportements sexuellement déviants, n'est-il pas dépendant des valeurs arbitraires (au sens où on le dit du signe linguistique) d'une société donnée et donc soumis à une contingence radicale ? Un relativisme absolu semble donc de mise, si l'on considère l'extrême diversité des mœurs à travers les pays et les époques (« Vérité en deça des Pyrénées, erreur au-delà », comme le disait Pascal). Au-delà, c'est la valeur sociologique et historique d'un tel concept qui semble faire défaut, car ce n'est pas en additionnant ou en recoupant empiriquement l'ensemble des interdits légaux ou coutumiers relatifs à la sexualité qu'on isolera un quelconque dénominateur commun. Ce que l'on peut affirmer avec assurance, c'est que toute perversion constitue un défi lancé au droit et à la morale, qu'elle est liée à la violation délibérée d'un interdit ou d'un tabou sexuel. D'autre part, on sait que toute société légifère en la matière parce qu'aucune n'est indifférente à la façon dont s'octroie la jouissance sexuelle. En effet, les modalités de tels échanges commandent toute l'organisation sociale et politique, comme l'ont bien montré les anthropologues en exhibant comme règle fondamentale et transculturelle la prohibition de l'inceste. Pourrait-on définir alors le pervers, a minima, comme celui qui, par ses comportements poussant à une jouissance sans limite, enfreint cette règle ou la met sérieusement en danger ? Avant de répondre, voyons ce que dit le droit à propos de l'inceste. A vrai dire, pas grand chose. De même que dans la Bible, les dix commandements n'ont d'autre fonction que de préserver la possibilité du langage et donc énoncent l'interdit de l'inceste sans le nommer, dans nos codes juridiques le mot inceste apparaît comme le grand absent, même si l'ensemble des lois semble bien destiné à nous tenir à distance d'une barbarie innommable, celle-là en particulier. Les articles relatifs aux mœurs portent d'une part sur les diverses formes d'attentats à la pudeur et l'exhibitionnisme, d'autre part sur les viols (au fond le viol sur mineur, la pédophilie, vient seulement s'ajouter au titre de circonstance aggravante et ne fait pas l'objet d'une loi spéciale) mais jamais sur une hypothétique relation incestueuse, intra-familiale, comme telle (rien n'interdit, au sens juridique du terme, les relations sexuelles entre des enfants majeurs et leurs parents). Autrement dit, la loi qui fonde le droit, la prohibition de l'inceste, est ignorée par la loi et le droit. Si maintenant on ne peut définir le pervers, avec constance et à travers les siècles, qu'en fonction d'une telle loi et de son ignorance, on peut aussi en conclure qu'il n'existe pas et ne saurait exister de définition sociale du pervers. Rien ne nous autorise, en d'autres termes, à qualifier de pervers tel ou tel crime commis dans l'histoire, ou bien tel ou tel comportement nous paraissant aberrant. L'interdit de l'inceste, au sens strict, conserve évidemment toute sa nécessité et sa fonction fondatrice au niveau de la *psychè* humaine, mais on ne saurait confondre cette loi proprement inconsciente avec les lois sociales sur l'exogamie, d'ailleurs variables selon les cultures, pas plus qu'on ne saurait confondre les relations sexuelles dans le mariage avec l'institution elle-même du mariage. La culture n'intègre donc l'interdit de l'inceste qu'en l'excluant de son langage, de ses attendus et de ses codes. Qu'est-ce qui distingue dès lors la culture de la perversion la plus avérée ? Celle-ci, culturellement omniprésente, n'est-elle pas une protection efficace contre l'inceste généralisé et la tentation, toujours criminelle, de la pureté ? Bien qu'il se mette régulièrement à dos la population, personne n'est plus sociable et cultivé que le pervers car, pour tourner les lois et transgresser les interdits, n'est-il pas obligé de les connaître parfaitement et de s'y adapter? On imagine trop facilement le pervers comme un être incestueux, dangereux et imprévisible, alors qu'il nous fournit, dans son genre, un modèle de vie réglée... dans le dérèglement et la distanciation. C'est justement tout l'écart qu'on est en droit d'attendre entre le culturel et le social, mais aussi entre le culturel et le réel. Le pervers est là pour nous rappeler qu'à vouloir trop toucher au réel dans le social, on ne fait que pratiquer l'inceste et commettre le crime, choses qui ne le concernent surtout pas en tant que réalisées. La perversion telle qu'on l'entend n'est compatible qu'avec la mise en acte – au sens seulement de mise en scène culturelle – du fantasme. Les crimes commis par des pervers en relation avec leurs pratiques et leurs fantasmes sexuels restent somme toute assez rares, et ne font que témoigner d'un affaiblissement de leur perversion et de l'émiettement de leur fantasme, ne servant plus de filtre contre l'angoisse. Aussi la perversion pourrait se définir comme un mode d'évitement, non pas seulement de la castration comme on le dit généralement, mais bien du crime incestueux.

Défi

Nous pouvons dire avec précision que le défi est la modalité spécifique sous laquelle le pervers se rapporte à la loi. (Paul-Laurent Assoun)

Défier est indéniablement une action, mais c'est aussi un dire : bref une énonciation performative, au sens d'Austin. En outre, défier revient à provoquer l'Autre et appelle une réaction de sa part (c'est un « comportatif ») : dans le défi, je m'affirme et je l'affirme à l'Autre, contre l'Autre. En réalité, à rebours du respect, on défie toujours une loi. Le pervers – et singulièrement Don Juan – illustre parfaitement cette figure du défi. Il se reconnaît précisément au carrefour du désir et de la loi, de la jouissance et de l'interdit, de la clinique et de l'éthique puisqu'en effet son symptôme est de faire « le » mal. Le pervers ne se contente pas de transgresser la loi ; par le défi il donne à voir à l'autre cette transgression. Même si son esprit est nié et sa lettre bafouée, il est donc important que la loi soit maintenue : sans elle, il n'y aurait ni défi ni transgression, ni perversion. A la limite le pervers se fait complice de cette loi qui l'obsède. Il devient son propre juriste, son propre théoricien, soucieux de défendre le bien-fondé de ses actes. Comme ce fondement ne saurait être la loi, qu'il récuse, il ne reste plus que l'acte lui-même pour justifier l'acte, une performation auto-suffisante, absurde et répétitive. Ajoutons que le pervers, loin d'éprouver une quelconque culpabilité, se veut l'être le plus innocent du monde : le cynisme de l'auto-justification se double d'une inconscience et d'une sincérité apparentes. Venons-en aux causes inconscientes et structurelles du défi qui permettent de voir celui-ci comme une stratégie visant à combler un manque, plus précisément une division fondatrice. C'est ce que Freud nomme dans son texte de 1937 « Le clivage du moi dans le processus de défense ». Le sujet commence par mettre hors-jeu l'image du père pour instaurer un face-à-face « illégal » avec la mère, une relation de puissance ou de jouissance pure. Mais le désir est ainsi fait qu'il repose sur le truchement de la loi, impossible à évacuer totalement. C'est pour cela que le sujet pervers, à la fois désireux d'éviter l'interdit et conscient du danger que représente la satisfaction de la pulsion, se « fend » littéralement d'un objet fétiche, capable de représenter à la fois la jouissance mortifère de la mère et le Nom-du-Père (le désir vivant et la loi). Le manque se trouve effectivement comblé, mais au prix d'un subterfuge qui instaure une division interne, et finalement intériorise le manque. Le manque sera vécu de l'intérieur (sinon il n'y aurait même plus de désir), mais il est dénié extérieurement car, en présentifiant l'objet, le sujet se paye l'illusion d'une jouissance totale et illimitée. Afin que cette possession soit vécue comme plausible et non aliénante, afin que l'objet apparaisse comme indéfiniment consommable, il faut le renouveler sans cesse (comme les femmes de Don Juan) ; afin que le désir soit stimulé, il faut ravir ces objets à leurs propriétaires légitimes (pères ou maris). Le défi au père apparaît bien comme la condition de la jouissance perverse, voire la jouissance elle-même. Dans le cas de Don Juan, l'arrière-plan que constitue ce jeu de cache-cache avec un père imaginaire impossible à introjecter, donne au personnage une épaisseur inattendue : il devient en effet le rival du père aux yeux mêmes de ses victimes et peut passer pour une sorte d'allié objectif, de libérateur ou d'émancipateur de la femme. Ou plutôt, si Don Juan veut conquérir toutes les femmes (pas toutes, seulement celles qui sont interdites et protégées), faute de n'en pouvoir tolérer aucune Toute entière, c'est bien qu'il ne cherche pas La femme dans sa globalité mais les femmes dans leur unicité. N'est-ce pas cela même qui fascine et qui séduit dans le personnage, cette capacité objective et monstrueuse de comprendre les femmes en les prenant pour ce qu'elles sont réellement, du côté d'une division spécifique qui n'est pas sans évoquer la division propre du sujet pervers ayant partiellement évité la castration. Mais revenons à l'affrontement avec le père : dans le cas de Don Juan, il s'agit du père de la victime, tenant lieu de père imaginaire, et non du père « réel », bien trop méprisé et absent symboliquement pour être la référence d'une quelconque loi à transgresser. Bien qu'il y ait père idéal ou père imaginaire, il n'y a pas de place pour la loi d'un tel père qui ferait de l'ombre à la seule loi que reconnaît le pervers, la sienne. Le moi du pervers, en particulier séducteur, se veut immortel, ce qui rabaisse d'autant plus celui des autres humain(e)s, perçus d'abord comme périssables. A noter que derrière l'absence du père et l'évanescence des femmes, se dresse la figure non moins immortelle et irréductible de la mère, à la fois présente dans chaque femme et absente. Mais Don Juan ne se contente pas de défier le père, en séduisant la fille, il va tuer le père et plutôt deux fois qu'une, puisqu'il s'agit de ruiner l'image paternelle. Dans la pièce de Molière, Don Juan descend jusqu'aux Enfers défier le père mort, lequel se présentifie par ailleurs sous l'espèce d'une statue et d'un « convive de pierre » (belle et ironique image d'une loi pétrifiée, dévalorisée, vidée de toute substance). Mais la Loi outragée se venge et réclame la vie de Don Juan : en lui lançant « Donne-moi la main », la statue convie Don Juan à un acte solennel et donc, pour ce spécialiste de l'évitement et du leurre, fatal. Le contact physique avec la Loi pétrifiée s'avère lui-même mortel. Notons cependant que si le choc de Don Juan est décrit comme un embrasement (« Un feu invisible me brûle... ») et non comme quelque chose de glaçant, c'est que la Loi a finalement prise sur le pervers – dans la mesure même où elle l'anéantit, après l'avoir piégé, et le délivre de ses contradictions en le renvoyant au royaume des Mères, d'où tout procède. Cela dit, le caractère fictif ou « littéraire » du personnage ne doit pas nous échapper. Le défi est d'abord celui que lance toute fiction à la réalité sociale ; il n'y a pas de plus grande perversion ni de plus grande séduction que celles opérées par l'écriture à l'égard des codes langagiers. Don Juan ne se contente pas de séduire les femmes protégées par un interdit paternel, il met au défi le langage d'exprimer ses désirs et ses souffrances, d'accéder à la compréhension de son être. C'est pourquoi ses conquêtes féminines correspondent malgré tout à une quête du sens. Quant au défi, il ne s'adresse pas seulement au père comme représentant d'une loi familiale restreinte, mais également à la loi du langage comme soubassement général du social. La société tout entière est mise au défi de présenter suffisamment de cohérence et de résister à un prédateur tel que lui. D'ailleurs, le défi et la résistance sont des deux côtés. Par-delà la gratuité apparente des actes de séduction, et au-delà du défi provocateur il faut apprécier le défi donjuanesque comme résistance à la perversion ordinaire du social, celle des lois paternalistes : à ce niveau, il s'effectue moins par des actes que par l'écriture. Le séducteur ne défie que parce qu'il est *défié*, premièrement, en tant qu'individu a-social ou antérieur au social ; comme tout poète, il est inadmissible.

Déni

> *La névrose ne dénie pas la réalité, elle veut simplement ne rien savoir d'elle ; la psychose la dénie et cherche à la remplacer.* (Sigmund Freud)

Comment spécifier le fantasme du pervers quand on sait que, par essence, le fantasme est toujours pervers, articulant le sujet à un point de jouissance où comme tel il ne peut que s'« absoudre » ? En même temps, seule une structure particulière du fantasme peut signer la position perverse. Dans les années 20, au cours de plusieurs études dont le fameux article sur « le fétichisme », Freud élabore sérieusement le concept de *Verleugneug* (traduit par démenti ou déni) et achève sa contribution au problème des perversions. Ce concept n'est intelligible que rapporté aux travaux sur le « complexe de castration » et à l'affirmation du « primat phallique » valable pour les deux sexes. C'est-à-dire que le jeune enfant attribue spontanément à tout être humain la possession du pénis (schème universel et incontesté du sexe !). Mais pour certains sujets au sortir de l'Œdipe, alors que le complexe de castration devrait normalement liquider les tendances archaïques, la croyance au phallus maternel n'est pas abandonnée de bon gré. Elle connaît même des modes de survivance spéciaux à l'âge adulte : certains sujets convoitent directement l'organe incriminé et deviennent homosexuels, d'autres se rempardent d'un substitut réel et rejoignent le rang des fétichistes. Le fétiche est le « phallus » au sens précisément où il symbolise (n'oublions pas en effet que le phallus, en tant qu'il représente un manque, a d'abord une valeur symbolique) l'absence du pénis maternel, que d'une certaine manière il remplace. L'enfant qui dit non à la castration maternelle forge ainsi un compromis, d'une tout autre nature que le symptôme névrotique : il a bien perçu cette castration (le manque maternel), et l'a enregistrée inconsciemment (sinon il serait psychotique), mais dément *quand même* cette abomination en interposant le fétiche (par exemple les chaussures, ou la culotte venant former in extremis un voile salvateur). Le fétiche *est* ce « ...quand même ». Avantage notable, le fétiche facilite la jouissance sexuelle en assurant une illusoire possession de l'objet manquant. Mais il ne faut pas s'y tromper, le voile où se projette le fétiche vient souvent à se déchirer et il ne reste alors que le point d'horreur (la castration féminine), la rencontre traumatisante du réel qui provoque panique et fuite. D'où une jouissance finalement précipitée, non exempte de déconvenues. Si l'objet fétiche positivé demeure toujours disponible, pièce maîtresse d'un dispositif apparemment sans faille, le sujet quant à lui reste foncièrement divisé (c'est l'*Ichspaltung*). Cette division est commune, naturellement, à tous les sujets de l'inconscient. Il faut d'ailleurs noter que le concept de démenti (ou le déni) est initialement appliqué par Freud à un mécanisme de défense signant l'entrée dans la psychose (« La perte de la réalité dans la névrose et la psychose », 1924). Par opposition au refoulement, qui porte électivement sur certaines formations psychiques, le déni est censé porter sur la réalité elle-même (l'existence du pénis maternel). Puis en 1927, dans l'essai sur le fétichisme, ce déni de la réalité n'est plus réservé au psychotique, il semble bien s'appliquer au pervers et dans une certaine mesure, aux traits pervers dans la névroses. Au bout du compte, entre la névrose qui n'en veut rien savoir et la psychose qui nie cette réalité de la castration, caractérise la perversion le fait que deux représentations inconciliables de la réalité (dont l'une est négatrice) coexistent subjectivement, durablement, structurellement. Cela dit, si la réalité de la castration maternelle n'échappe sérieusement à personne, n'est-il pas raisonnable de nier cette assimilation ou cette réduction anthropologique de la « réalité » à la Chose maternelle en tant que castrée ? Sur quoi le déni pervers porte-t-il exactement, sinon sur cette décision typiquement paternelle consistant à faire de l'enfant un aliéné au regard de la mère : comme le père fait un enfant « à la femme » (supposée en manque), l'enfant revient finalement « à la mère » et n'a d'autre existence sociale ou personnelle que dans ce rapport de dépendance à l'Autre primordial (supposé comblé). On va jusqu'à faire de la Chose maternelle l'objet initial du désir, en même temps que le sujet de la « jouissance de l'Autre », comme si le désir n'était pas intrinsèquement « Autre », si l'on peut dire, et donc en lui-même jouissance. C'est toujours la même incapacité de penser l'individu réel en tant qu'Un, fût-il petit d'homme, qui conduit à confondre le manque et la réalité. Bref le pervers dé-suppose ce statut de la mère comme objet incontesté du désir et, à la différence du névrosé qui l'idéalise, multiplie les preuves objectives d'une jouissance plurielle, plutôt féminine que maternelle, et y collabore activement. Qui oserait le lui reprocher ?

Dérive

Nous relevons le défi qu'on nous porte à traduire du nom d'instinct ce que Freud appelle Trieb, *ce que* drive *traduirait assez bien en anglais, mais qu'on y évite également, et ce pour quoi le mot dérive serait en français notre recours de désespoir.* (Jacques Lacan)

La perversion passe généralement pour se soutenir d'une fixation et d'une régression d'ordre pulsionnel. Or cela induit un certain nombre de confusions. La différence entre fixité et mobilité apparaît d'abord pertinente pour distinguer instinct et pulsion. En effet si l'instinct animal reproduit une sorte de normalité schématique, chez l'homme la pulsion s'avère complexe et démontable en quatre éléments : poussée, source, but et objet. Donc par définition l'instinct ne saurait être perverti, tandis que des quatre éléments pulsionnels, les deux derniers au moins subissent toutes sortes de modifications. Le but – la satisfaction - peut très bien être refusé, dévié, transformé, et l'objet permettant d'atteindre ce but apparaît comme infiniment modulable : « indéterminé » selon Freud, « indifférent » d'après Lacan, c'est-à-dire non lié originairement à la pulsion. C'est plutôt lorsque la liaison de l'objet avec la pulsion est trop intime et trop déterminée qu'on peut parler de « fixation » et rabattre, par analogie, la pulsion sur l'instinct. On peut toutefois relativiser cette déliaison originaire de la pulsion et de l'objet au nom d'un pré-objet qui serait le corps propre, et qui ferait de l'auto-érotisme la matrice et le critère du surgissement de tous les objets. Freud évoque l'auto-érotisme comme une phase primitive de la constitution des pulsions, où coïncident source organique et objet. Cette thèse lui permet de différencier les objets originairement aimables, réappropriables au Moi-plaisir, des objets extérieurs relégués au champ de l'Autre, qui est celui du déplaisir. Finalement l'auto-érotisme ne fait que corroborer la perversité « naturelle » des pulsions, au niveau de la source, tandis que la pluralité des « destins pulsionnels » y contribue au plan de la finalité. On sait que Freud reconnaît quatre types de destins aux pulsions, selon le « choix » du sujet : le renversement dans le contraire, le retournement sur la personne propre, le refoulement et la sublimation. On constate donc une ambiguïté, puisque du point de vue métapsychologique la perversion rejoint un principe de différenciation ou de *dérive* général qui préserve la vie pulsionnelle, alors que du point de vue clinique ou pathologique elle signifie au contraire une fixation à l'objet (et dans l'optique structurale lacanienne une auto-détermination du sujet comme objet). Le terme de « dérive » s'applique très bien au parcours en boucle de la pulsion (selon le graphe du désir de Lacan) qui, sur la voie de la subjectivation, contourne ou évite (évide) l'objet 'a' en passant de la voie active (je suce, etc.) à la voie passive (je suis sucé), au moyen d'une transgression certaine du principe de plaisir (qui signifierait la possession simplifiée de l'objet). En revanche son application à la perversion est moins évidente, puisque, on l'a dit, la perversion représente la possibilité même du choix, de la mobilité, de l'interchangeabilité, et en même temps un choix subjectif spécial, une possibilité parmi toutes où une forme de rigidité va réapparaître, et le désir s'épuiser à tourner en rond. D'un autre côté, la perversion qui mobilise les pulsions et donc, qu'on le veuille ou non, une certaine malléabilité, une certaine réversibilité sujet-objet, constitue une échappatoire et une dérive possible par rapport à la psychose, où nul objet et nul sujet ne se constituent dans la boucle autistique de la pulsion se refermant sur le vide de la Chose. Comme elle offre peut-être une possibilité de sortie de cure au névrosé, en dérivant à l'infini ses investissements pulsionnels, en substituant à la fixité signifiante du symptôme la plasticité imaginaire de l'objet. L'apparente contradiction entre ces deux aspects de la perversion ne résiste pas à une distinction entre la « structure perverse » d'une part, fondée sur un fantasme inconscient gravant chez le sujet adulte un rapport spécifique entre la jouissance et la loi, et la « disposition perverse polymorphe » d'autre part, qui dès la petite enfance et hors du champ de la parole, assure la plasticité et la dérive des composants pulsionnels. La première pourrait apparaître finalement comme un cas particulier de la seconde. Cependant la structure signifie moins la jouissance qu'un mode particulier, d'ailleurs plus ou moins « pathologique », d'évitement de la castration ; il convient de restituer à une sorte d'auto-érotisme « secondaire » le principe de dérive et de renouvellement de la jouissance dont le polymorphisme infantile constituait l'ébauche, et qui relativise enfin le principe de castration dès lors que le rapport à la Chose maternelle n'est plus considéré comme primordial.

Désir de l'analyste

Disons, de manière schématique, que si Freud, en mettant l'accent sur le renoncement et la sublimation nécessaires à la tâche de l'analyste, nous a laissés devant une problématique que l'on pourrait cerner comme celle de l'obsessionnalisation de l'analyste, Lacan, lui, en promouvant le désir de l'analyste comme pivot du transfert et la fonction de l'objet (a), nous oblige à reconsidérer fondamentalement la question de la « vertu » de l'analyste, et nous confronte au problème de la possible perversion de la situation analytique. (Serge André)

Qu'est-ce que la perversion en psychanalyse, qu'est-ce que la perversion psychanalytique ? Le risque de dérive perverse de la situation psychanalytique est bien réel, étant donné la nature même du transfert qu'elle met en place. Il y aurait même, selon Serge André, une « analogie de structure » entre analyse et perversion. D'une part le transfert consiste en la supposition que le patient fait à son analyste de détenir un savoir répondant aux questions qu'il se pose. Or, premier obstacle, le savoir ne suscite aucun désir véritable (il n'y a pas de désir de savoir), mais seulement de l'amour, et l'on sait les dérives identificatoires que l'amour peut entraîner. D'autre part, l'analyste est en position de cause, il est là pour causer le désir de l'analysant, c'est-à-dire soutenir une interrogation sur le désir de l'Autre. C'est pourquoi, derrière toute demande adressée à l'analyste, se loge une supposition de désir ayant cette propriété, entre autres, d'amener l'angoisse chez le patient. Il ne s'agit pas seulement du désir supposé à tel analyste par tel analysant, ou du désir effectif et singulier de cet analyste pour cet analysant, mais bien du Désir de l'Analyste en tant que tel. Si l'art psychanalytique consiste bien en une transmission de désir, de l'analyste à l'analysant, il faut en effet supposer un Désir spécifique, inhérent à la position de l'analyste. Selon Lacan, le désir de l'analyste est d'amener un sujet à produire le signifiant auquel il pourrait s'assujettir, afin de donner sens – jouis-sens, plus exactement – à son symptôme. Choisir son symptôme, l'assumer, l'affirmer – tel est ce qui motive en règle générale la demande du sujet pervers en analyse, et ce qui lui est le plus souvent proposé, même si ce n'est qu'une demi-solution. Il y a évidemment une analogie entre la fin de l'analyse, savoir y faire avec son symptôme, et le savoir-faire avec la jouissance qui caractérise le pervers. Le pervers et l'analyste ont ceci en commun d'occuper une position qui est celle de la cause, cause de la jouissance dans un cas et cause du désir dans l'autre ; mais dans les deux cas, pour parvenir à ces fins, il est nécessaire de provoquer une division du sujet. L'analyse devient perverse lorsque, pour résoudre les symptômes du patient, pour annihiler l'angoisse que la situation analytique génère inévitablement, l'analyste se propose lui-même comme jouissant : il peut alors, soit jouir de la division du sujet et faire jouir le grand Autre de la psychanalyse elle-même, soit partager cette jouissance avec le patient, lequel pensera alors avoir trouvé chez son analyste un modèle, un maître, un ami qui lui veut du bien, dans tous les cas dépositaire d'un savoir certain sur la jouissance. D'autre part l'analyse devient perverse lorsque la division du sujet par le signifiant ne laisse pas émerger, précisément, le sujet du signifiant, le logos dûment extrait du pathos de la plainte, envahissante en début d'analyse : si en principe l'analyste s'efface en parole devant l'analysant, et demeure insensible devant sa plainte, évitant à tout prix (c'est le cas de le dire : sa jouissance est limitée au salaire perçu) de jouir de la situation, la tendance du pervers (sadique) est de jouir de la plainte pour finalement monopoliser la parole, ne laissant à la victime que le privilège du cri, recherché comme fétiche par le pervers. On doit comprendre qu'un pervers sadique n'est pas seulement une personne coutumière des passages à l'acte, mais que son acte pervers consiste bien plus souvent dans la mise en acte et en publicité de son fantasme dans son discours : la jouissance du dire apparaît ici sans limite, car une fois le pervers lancé dans le récit de ses fantasmes, dans le fil d'une cure, il est bien difficile de l'arrêter. Dans le registre de la confusion du pathos et du logos, et comme exemple de dérive perverse de la psychanalyse, on ne peut pas ne pas évoquer le cas de Ferenczi. (On s'appuie toujours sur le livre de Serge André, *L'imposture perverse*, Seuil, 1993.) Celui-ci avait inventé un style d'analyse dont la finalité s'affichait clairement comme une volonté de tout dire, comme un épuisement du dire commun de l'analyste et de l'analysant - exactement comme dans le récit sadien, où le bourreau et la victime n'en finissent pas de jouir et de souffrir, sont perpétuellement rappelés à cette tâche. L'analyse selon Ferenczi est une véritable torture, aussi bien pour l'analyste que pour l'analysant, même si apparemment la cure prend une tournure plus compréhensive, voire franchement affective, entre les deux partenaires (Ferenczi va jusqu'à parler d' « analyse mutuelle »), qu'avec une cure freudienne classique. Il est clair que Ferenczi eut à souffrir de l'inachèvement de sa cure auprès de Freud et de l' « insensibilité » de ce dernier à l'égard d'une demande (d'analyse, d'amitié, etc.) devenue envahissante. Il est probable que son entêtement à innover dans une direction si manifestement opposée à celle du maître comportait une part de défi et aussi de dépit, à cause même de l'inflexibilité de Freud. Alors Ferenczi reproduit sans sa relation avec ses patients le complexe non résolu avec Freud, sur un mode sadomasochiste. Il se présente comme victime de ce dernier mais également se voudrait son bourreau en tentant de forcer son fantasme, en lui faisant avouer ce qui restait non-dit de son transfert inachevé avec Fliess. A l'égard de ses patientes, il adopte une attitude à la fois active et passive ; il éponge au maximum la souffrance de celles-ci, et, au nom d'un amour qui ne doit connaître aucune limite, qui se doit d'être pur et passionnel, se livre pratiquement à des abus sexuels sur leurs personnes. Ferenczi imagine que l'amour et la compassion sont des vertus essentiellement féminines, et il identifie l'analyste à cette faculté de recevoir la souffrance d'autrui et de la transmuer en jouissance mutuelle. L'analyste occupe la place première et fondamentale de la mère qui se laisse dévorer et sadiser par ses enfants ; au-delà, c'est également la place de l'enfant sadique et cannibale, puisque l'analyste selon Ferenczi ne doit pas lâcher l'analysant (avant le « guérison complète », et que « tout soit dit »), et donc va le disséquer à vie. On ne peut être plus éloigné de la conception lacanienne de la cure qui, s'appuyant sur la réalité de l'inconscient, tient à marquer le caractère indépassable du semblant qui caractère le signifiant et son usage. Si l'analyste doit occuper la place de l'objet (a), ce n'est certainement pas pour confondre celui-ci avec une présence venant combler tout manque, ce n'est pas pour le confondre avec la Chose maternelle. Il importe également de souligner le caractère irréductible du fantasme sous-tendant le désir de l'analyste, lequel ne saurait être un désir pur, et encore moins un désir de pureté. En réduisant la Chose à l'objet (a) comme plus-de-jouir, reste d'une jouissance mythique, Lacan-analyste adopte la position de la femme pas-toute, de la Femme en tant qu'elle n'existe pas, même si c'est sous le masque du Père – du « sinthome » selon le mot de Lacan – qu'est présentifiée l'incomplétude de la Femme. Maintenant, le cas Ferenczi semble faire symptôme d'un désir de l'analyste imputable à Freud, mal dégagé d'un complexe paternel où le Père incarnerait une Loi foncièrement ambiguë. N'est-ce pas le cas du Père imaginé dans Totem et Tabou, un Père qui fonde la Loi de sa jouissance exclusive des femmes, même si la Loi comme telle est ensuite promulguée par des fils en proie à la culpabilité ? L'analyse freudienne ne repose-t-elle pas elle-même sur un tel paradoxe et une telle injustice, véritable explication de cette analogie de structure que nous évoquions entre analyse et perversion, puisqu'on ne peut se défaire de l'idée que l'analyste faisant le Père (ce qui fut le cas de Freud) s'appuie sur la loi commune du désir et de la jouissance, confusion du désir et de la jouissance dans un supposé désir *de* jouissance. La solution inverse, au-delà du cas Ferenczi, ne serait-elle pas de parvenir à soutenir la *jouissance de l'analyste* précisément en tant que jouissance du désir de l'analysant ? Lacan lui-même n'échappe pas à un certain purisme (ou tragique) du désir de l'analyste, qualifiant volontiers ce dernier de « saint » ou de « rebut de la jouissance ». Or il faudrait voir si le goût immodéré et typiquement lacanien pour l'interjection, la coupure, le silence interprétatif, la séance courte, etc., tous procédés censés éveiller le désir de l'analysant, ou plutôt éveiller l'analysant à son désir, ne conduisent pas eux-mêmes à une sorte de perversion de l'analyse au profit de la jouissance d'un grand Autre tout désigné, la Psychanalyse elle-même. C'est du moins ce que l'on peut craindre lorsque le bien-dire de l'analyste en séance se réduit au non-dire pur et simple, et à l'extérieur consiste à dire *du bien* de l'Ecole ou de l'Institut psychanalytique. D'autre part, dans le cas personnel de Lacan (et de certains disciples perroquets), n'est-il pas évident que sa voix fonctionnait comme objet-cause pour ses analysants et/ou auditeurs, et que la jouissance liée à ce phénomène était de part et d'autre éminemment perverse ? Il y a bien pourtant une jouissance non-perverse de l'analyste et identiquement une jouissance non-analytique de la perversion, inanalysable et unilatérale, ayant pour objet le désir plus ou moins commun de l'analyste et de l'analysant, soit l'analyse elle-même, la Psychanalyse non comme jouissante mais cette fois comme jouie. Une jouissance distanciée, ironique et pourtant radicale, d'un désir originellement trop pur, donc pur/impur.

Érotomanie

Là où l'halluciné dirait «ça me parle», l'amoureuse nous dira «ça me chante, et ça suffit à mon bonheur. (François Périer)

L'érotomanie se définit comme un état passionnel de la femme qui semble fort éloigné de l'activisme pervers, essentiellement masculin ; nous verrons cependant qu'elle constitue une alternative à la perversion, autant qu'au déclenchement psychotique. On serait pourtant fondé à parler de «psychose passionnelle» en suivant le descriptif proposé naguère par G. de Clérambault, distinguant un Postulat et trois phases. Le Postulat, c'est que l'objet aimé a commencé : l'amour provient de lui. D'abord, la phase d'espoir se soutient de l'orgueil et de la certitude d'être aimé par un homme «de bien», que suit bientôt la phase de dépit, ou de l'orgueil blessé, tandis que la troisième est celle de la haine ou de la «vindication», plaçant l'objet en position de victime. L'érotomane ne cherche pas un amant mais veut accomplir la vérité de l'amour comme rencontre pure - au-delà de l'union charnelle et de la jouissance de tout objet partiel – avec la «chose» : rien moins que l' «absolu d'une féminité qui ne se constituerait comme telle que dans la dépossession de tout objet partiel» (F. Périer, «De l'érotomanie», in *Le désir et la perversion*, Seuil, 1967). L'amour pur est exclusif de tout «avoir» bien qu'il réhabilite précisément l'objet en tant que manquant, là où celui-ci *doit* manquer pour accéder à une identification sexuelle. De l'objet, il ne garde que le symbole ou le trait, que Lacan dit «unaire». C'est à ce niveau, celui de l'identification par le trait qui commande directement l'idéal du moi, qu'intervient l'élection de l'objet pour le sujet érotomaniaque : reflétant ce trait de l'idéal du moi, il soutient une forme de symbolisation malgré la forclusion, sous les auspices de l'amour. L'objet aimé, et surtout *supposé aimant*, donne idéalement ce qu'il ne demande pas sexuellement ; supportant et symbolisant le manque, «il fonde ainsi l'objet partiel comme manquant enfin dans le registre comptable du corps féminin» (Périer), mais du coup devient l'unique repère d'une féminité retrouvée. Gare à lui s'il ne sait s'y tenir ! C'est pourquoi la phase de vindication et de désespoir ne fait que renforcer le Postulat en interrogeant l'objet (cette fois violemment) sur son rapport à la chose, ce «rien» qu'il possède, lui, et qui la fait, elle, être femme. La vindication passionnelle l'empêche de sombrer dans le désespoir total, faute d'une structuration phallique du fantasme. Pourquoi le passage à la vindication sinon parce que l'objet exprime ce fantasme phallique, tôt ou tard, qui implique la femme comme objet (voire aussi sujet) d'une jouissance castrée ? Le Postulat, c'est que l'amour, et cet objet singulier qui l'incarne, ne sont pas concernés par la castration. Pour l'érotomane, une cure analytique consiste à vérifier cet état de fait, donc à démentir le fantasme de l'analyste qui s'investit lui-même comme objet 'a'. On voit bien le rapport avec la perversion : l'autre ne peut pas être la cause d'un manque. Et en même temps la différence avec la psychose : la cause du désir n'est pas complètement *perdue* ou à jamais inexistante au champ de l'Autre, mais plutôt «s'est trouvée *trahie* par ceux-là même qui devaient en être les dépositaires comme auteurs de la scène primitive» (ibid.). D'un côté, le thème de la trahison se substitue à celui de la transgression, essentiel chez le pervers. De l'autre, le Postulat de l'érotomane confond l'intention bienveillante de l'objet avec la cause réelle, là où le paranoïaque situera la malveillance supposée du persécuteur, et comblera tout manque-à-être par la certitude d'une menace omniprésente. L'érotomanie occupe donc un espace intermédiaire, ou plutôt emprunte un chemin de traverse entre psychose et perversion ; par rapport à ces extrêmes, elle maintient tant bien que mal le statut d'une division subjective, propre à l'état passionnel en général. La division se redouble d'une équivalence intéressante entre fétichisme et narcissique. Comme le déni pervers, le Postulat érotomaniaque institue un signe visible (le fétiche) comme cause du désir : c'est l'objet «entrevu» colmatant le manque dans l'image de l'Autre, pour le pervers, c'est le geste «entendu» se supposant au silence dans le discours de l'Autre, chez l'érotomane. La cause semble donc extérieure et l'amour postulé de l'objet, fétichisé, colmate tout manque possible. Comme dans la psychose également, le sujet érotomane semble se faire cause – ici, cause de l'amour – ; il sert de fétiche à l'Autre puisqu'il *ne saurait manquer* d'être précisément ce qui lui manque ! Le narcissisme consiste à s'instituer soi-même comme unique symbole de l'objet perdu. Finalement, François Périer définit l'érotomanie comme un «processus psychotique *a minima*». Sans doute elle ne constitue pas une alternative réelle à la psychose ou à la perversion, mais nous y voyons néanmoins une psychose *alternative*, ce qui est un peu différent, et plus exactement une appréhension psychotique de la perversion sous la forme d'un érotisme platonique. Il s'agit que le sujet puisse se voir enfin comme Autre à la place du fétiche, et pas seulement *supporter* d'être le fétiche *de* l'Autre (ce qui ferait de l'érotomanie, sous son mode passionnel extrême, une simple variante du masochisme pervers).

Fantasme

La référence au fantasme en tant que « soutien du désir » permet de spécifier la perversion comme structure subjective. (Hervé Castanet)

Dans l'article publié en 1915 « Pulsions et destins des pulsions », Freud reconstitue tout un circuit pulsionnel en plusieurs « stades », faisant alterner plaisir de voir et plaisir d'être vu, pour aboutir à la formation du complexe voyeurisme /exhibitionnisme. Loin qu'aucune pulsion particulière puisse être qualifiée de perverse, il apparaît que c'est le mouvement de réversion de la pulsion en son contraire et le retournement sur la personne propre (le plaisir de voir devenant plaisir d'être vu) qui signe la perversion, soit un positionnement du sujet à l'égard de l'autre qui constitue le cœur même du fantasme. On remarquera la fonction prévalente du narcissisme dans la formation perverse, couplée à une identification structurelle du sujet à l'objet, c'est-à-dire au partenaire. D'autre part il faut rappeler la fonction du fantasme chez Lacan comme soutien du désir. Ce n'est pas l'objet directement mais le fantasme qui soutien le désir, comme c'est à partir du fantasme qu'est lisible la structure clinique du sujet. En l'occurrence le fantasme articule, en le fixant, le lien du sujet avec l'objet du désir. Il décline également le rapport imaginaire du sujet avec le grand Autre, comment inconsciemment il voit et surtout comment « il se voit vu » par l'Autre. Dans la perversion, le sujet se met à la place de l'objet, se fige dans cette rigidité de l'objet en se donnant pour fonction de colmater la béance repérée dans l'Autre (où se tient le sujet). La formule s'écrit a ◊ (désir de) *$*, à rebours de la formule de la névrose : *$* ◊ a. Bien sûr, au niveau du fantasme conscient, le pervers est actif et on ne peut plus besogneux ; il n'empêche qu'au niveau inconscient, il se tient immobile en 'a', dans une position structurellement masochiste. En face de lui, se tient le sujet divisé (*$*), traqué dans son *aphanisis* même de façon systématique. La contradiction est évidente : d'une part il vise effectivement cette division puisqu'elle représente sa raison d'être, en tant que bouchon potentiel, mais d'autre part identifiant ce sujet à l'Autre qu'il voudrait complètement jouissant, il le voit aussi comme sujet non barré (*S*). Il le fait briller d'une lumière éternelle et, corrélativement, se pose lui-même comme l'instrument indestructible de sa jouissance. Pourtant, c'est bien de l'Autre, en l'occurrence du partenaire, qu'il reçoit les effluves du manque-à-être. N'oublions pas qu'en se faisant objet il provoque lui-même la division subjective de l'Autre. D'autre part Lacan pose que la perversion est le règne de l'intersubjectivité, ce qui, dans son langage, signifie l'imaginaire, domaine des relations duelles et de la fascination narcissique. L'imaginaire devant ici recoller « fantastiquement » le symbolique au réel. Donc, en s'identifiant narcissiquement au partenaire, le pervers participe de son trouble. Les jeux de miroir de l'imaginaire expliquent, en partie, la réversibilité (actif/passif, sadique/masochiste) de la plupart des perversions, même si la passivité paraît plus structurelle. D'ailleurs – et c'est là un point essentiel – la passivité et le masochisme caractérisent aussi bien tout fantasme, pas seulement le fantasme du sujet pervers. Du coup, tout fantasme peut paraître intrinsèquement pervers. En effet, comme on l'a dit, le fantasme définit la place du sujet par rapport à l'objet de son désir, qui toujours par principe appartient à l'Autre, n'est délivré que par l'Autre. C'est le principe même de la jouissance : on ne jouit pas directement de l'Autre, mais d'un objet délivré par l'Autre ou prélevé en l'Autre. Alors le sujet disparaît étant identifié à cet objet en l'Autre. C'est pourquoi du point de vue du fantasme et/ou de la Psychanalyse (qui ne peut concevoir le désir et la jouissance que médiatisés de la sorte), la jouissance est toujours perverse finalement, et toujours évitée ! Entre le névrosé qui ne voudrait pas jouir de l'objet et se confine dans un désir idéaliste du désir de l'Autre, et le pervers qui veut éteindre tout désir en l'Autre en s'identifiant à l'objet, n'y a-t-il pas une place pour la jouissance *subjective* de ce désir de l'Autre ? Faut-il que toujours l'homme soit fantasmé comme un enfant recevant de sa mère la nourriture libidinale, et finalement l'autorisation de jouir, sous le *regard* de cet Autre ? On ne le sait pas, mais c'est l'enfant qui jouit, non certes en tant qu'*infans* (jouissance psychotique), mais véritablement en tant que sujet : sujet toujours Autre, évanescent, polymorphe, et support aléatoire du fantasme maternel ; c'est d'ailleurs de ce fantasme (et non de l'Autre, bien sûr), du désir fantasmatique faisant de lui un objet aliéné, qu'il jouit en propre et qu'il tire subtilement toute sa puissance !

Femme

Le problème de sa condition est au fond de s'accepter comme objet du désir de l'homme. (Jacques Lacan)

Lacan affirmait que l'homme était le « sexe faible » quant à la perversion, et niait, tout comme Freud et la plupart de ses successeurs, l'existence d'une structure perverse typiquement féminine. Et cependant la femme n'est pas sans rapport avec la perversion ; il reste à voir comment et pourquoi elle y collabore. En supposant que la femme soit avant tout du côté de l'amour (jusqu'à ses formes extrêmes et pathogènes, comme l'érotomanie), et l'homme plutôt porté sur la satisfaction de la pulsion sexuelle, il n'en demeure pas moins vrai – selon une remarque de Freud lui-même – que l'exaltation amoureuse emporte une reviviscence de l'activité sexuelle, réelle aussi bien que fantasmatique. D'autre part, Freud a émis l'hypothèse que la relation mère-enfant puisse être empreinte de perversion, voire constituer La perversion authentique de la femme, dans la mesure où l'enfant peut être mis à la place du phallus manquant de la mère et ainsi prendre valeur de fétiche. Il est douteux, pour autant, qu'une telle éventualité (même fréquente) soit la condition suffisante d'une perversion ou même d'une forme de fétichisme. Il y manquera toujours la dimension du défi à la Loi, le caractère d'amoralité que la perversion implique, et il manquera toujours à la femme le savoir sur la jouissance qui la constitue comme telle, c'est-à-dire comme pas-toute. Elle ne peut donc faire valoir ce savoir, qui se présente comme savoir-faire chez le pervers masculin – savoir-faire-jouir qui représente l'accouplement de l'objet 'a' (le plus-de-jouir) et du savoir - pour imposer à l'Autre la jouissance. Bien sûr, une mère « possessive » dira à son enfant qu'elle sait « ce qui est bon pour lui » et qu'il doit se laisser faire, mais en tant que mère, elle fait ici l'homme, ou plus exactement le père (totémique et jouisseur), et rejoint la perversion de celui-ci. Il y a bien la question de l'homosexualité féminine. Mais là encore, si une femme (particulière) s'identifie à l'Homme (universel), ce n'est plus en tant que femme qu'il faut considérer son cas (sans compter que toutes les formes d'homosexualité ne relèvent pas de la perversion, loin de là), mais en tant qu'homme. Plus sérieuse est, peut-être, la question du masochisme dit « féminin », puisqu'il semblerait ici qu'une forme de perversion soit spécialement attribuée aux femmes. C'est précisément dans ce cas que le terme de « collaboration » s'impose, car il s'agit bien pour la femme de soutenir, à la fois son propre désir, et le fantasme propre de l'homme en incarnant sa position lorsqu'il s'imagine battu par le père. Lacan l'affirme sans ambiguïté : le masochisme féminin correspond à un fantasme masculin, exactement comme le don-juanisme masculin relève en fait d'un fantasme féminin. D'abord on note le caractère obligatoirement passif de cette position perverse de l'homme, en tant qu'il se fantasme comme « battu par le père » - passivité que l'on assimilerait bien à tort avec féminité. Il s'agit bien d'un enfant mâle que l'on bat, dans le fantasme libellé « Un enfant est battu » et rapporté par Freud. Ce fantasme, éprouvé par un sujet masculin, détermine assurément une forme de masochisme, appelé « érogène » par Freud, éprouvé par des hommes lorsqu'ils s'imaginent être une femme (car ils supposent ce masochisme à la femme !). Or, la stratégie de la femme, dans cette affaire, consiste précisément à endosser le fantasme, voire permettre sa réalisation, dans une certaine mesure, pour être aimé par un homme, exactement comme le sujet du fantasme « un enfant est battu » suppose, lors de la phase-1 du développement de ce fantasme, que le père bat un autre enfant parce qu'il l'aime, lui. Pourquoi la femme ravive-t-elle ce fantasme masculin, sinon pour aviver son désir, ou même mieux, pour se faire cause de son désir en tant qu'objet (battu, passif) dans le fantasme ? C'est pourquoi il ne saurait être question de perversion, de la part de la femme, puisqu'au lieu de détruire le désir et la dimension phallique, signifiante, de celui-ci, de l'étouffer sous une volonté de jouissance typiquement perverse, elle célèbre cette puissance phallique, aime (en donnant ce qu'elle n'a pas) et soutient le désir de l'homme en acceptant d'être l'objet de son fantasme. Ce tour, un peu compliqué, n'aurait pas lieu s'il ne s'agissait pas pour elle, en même temps, de préserver son propre désir en prévenant l'angoisse du partenaire, toujours à redouter face au manque d'objet. Là encore, ce rapport à l'angoisse de l'Autre est une preuve de non-perversion : l'angoisse n'est pas inconsciemment visée chez l'Autre, comme dans le cas du vrai masochisme pervers, elle est supposée au départ et cherche à être éradiquée. Cette collaboration au fantasme masculin se paye d'un fantasme typiquement féminin, et névrotique, auquel se prête volontiers le séducteur pervers : c'est le fantasme de Don Juan, soit un homme qui ne manquerait de rien et qui les possèderait toutes, dont la puissance serait égale à celle du père dans le fantasme «un enfant est battu » – d'autant plus qu'il s'agit du même. N'était cette configuration névrotique, en quelque sorte congénitale chez la femme, qui se traduit par une collaboration à la perversion de l'homme, on verrait volontiers dans le mode de jouissance féminin une illustration parfaite de la non-perversion qu'on cherche ici à théoriser. Pas du tout dans le but de combattre ou de nier toute perversion, mais au contraire pour asseoir une *posture perverse* sur la jouissance spécifiquement féminine et non sur un fantasme lié à la puissance (violence) paternelle. Cette « autre jouissance » des femmes, comme l'appelait Lacan, ne saurait cependant être déclarée « supplémentaire » mais – osons le dire – première et universelle, au sens où ce sont les autres formes de jouissance (notamment la phallique) qui en découlent. Thèse assurément aberrante et incompréhensible du point de vue de l'orthodoxie lacanienne ! Poursuivons néanmoins : la femme ne jouit pas de l'homme ou d'un quelconque objet, elle jouit (d')elle même en tant qu'Autre. L'Un dont s'autorise cet Autre n'est certainement pas celui de Lacan, l'« une plus une » en l'occurrence ; car cette formule laisse entendre que toute femme, en tant que pas-toute, jouit de sa particularité ou de sa différence (signe des temps « postmodernes »), alors que cela illustre précisément le calcul de Don Juan (une plus une) sur fond de fantasme totalitaire. C'est la jouissance elle-même qui est Autre, et en aucun cas l'individualité. L'individu est Un : il n'y a pas d'autre définition du Réel. C'est parce qu'un individu est Un (causalité du Réel) que sa jouissance est Autre ; c'est parce que la femme est *d'abord féminisée* (réellement, individuellement, non d'après un concept de « féminité »), jouie et pervertie, qu'elle est femme, jouisseuse et perverse ! Naturellement, l'occasion qui nous amène à identifier les termes « féminin » et « réel » reste foncièrement arbitraire, car tout terme peut en droit nommer le Réel. Il n'empêche que, ceci étant admis, la conséquence est bonne : depuis cette identité non-logique du réel et du féminin (le féminisé), antérieure à toute jouissance (le joui), une *femme* se dit effectivement d'un sujet qui accepte et affirme sa jouissance comme *Autre*. Donc perverse, au sens non trivial ou non masculin du terme.

Fétichisme

Ce fétiche, ce n'est pas n'importe quel pénis, pour tout dire ce n'est pas le pénis réel, c'est le pénis en tant que précisément la femme l'a, c'est-à-dire en tant exactement qu'elle ne l'a pas. (Jacques Lacan)

Dans les *Trois essais*, Freud nomme une première fois le fétichisme dans le cadre des déviations par rapport au but sexuel, lorsque le sujet substitue à l'objet « normal » (homme ou femme) une partie du corps de l'autre ou bien un objet inanimé. Le fétichisme s'applique essentiellement à ce dernier cas, mais aussi par extension au fait de pourvoir l'objet humain de telle ou telle caractéristique nécessaire à la réalisation du but sexuel (vêtement, chevelure, particularité physique, etc.). L'usage exclusif d'un tel objet, ou d'un tel trait à des fins de jouissance non génitale définit le fétichisme. Des notes ajoutées de 1910 et 1915 précisent expressément la fonction du fétiche comme substitut du pénis de la mère, alors que le regard de l'enfant tourné vers l'organe sexuel de la mère s'arrête à mi-chemin, fixé sur une image-écran qui servira de compromis entre l'absence constatée de l'organe et le désir de le maintenir à cette place. De toute façon, le vrai fétiche, l'image « réelle » (mais hallucinée) du fétiche érigé à l'origine de la croyance de l'enfant se trouve refoulée par l'image-écran que constitue l'objet-fétiche, disponible, support de la sexualité de l'adulte. Le vêtement érigé en idéal remplace et refoule la vision ébahie et primitive de la nudité de la mère, le corps tout entier phallique de la mère, ou bien plus localement la toison pubienne, les seins. Par définition, le culte de la nudité disparaît chez le fétichiste. Freud insiste en 1927 sur la division du sujet qui à la fois reconnaît et dément la castration féminine, en érigeant ce monument si particulier qu'est le fétiche, distinct des formations de compromis qu'engendre la névrose, puisqu'il porte exclusivement sur une représentation du pénis féminin. Il a pour fonction de récupérer une portion du Ca, de la jouissance, abandonnée avec l'allégeance faite à la réalité, gouvernée par le symbolique et la loi du grand Autre. L'objet prenant valeur de jouissance est rarement emprunté au corps féminin lui-même, mais plutôt à ce qui le borde, l'entoure, l'enveloppe, ou encore le prolonge. Par ailleurs, il prend également valeur d'objet cause du désir (petit 'a') dans la mesure où, stoppant la dérive métonymique de l'objet manquant, fixant celui-ci sous l'emblème d'une partie anatomique ou extérieure du corps féminin, il passe du statut de simple métonymie par rapport au phallus maternel au statut de métaphore nommant le désir du sujet. Seulement, quelque part, il conserve cette dimension d'objet-déchet, d'objet usé bon à jeter qui singularise tant son propriétaire et jouisseur – car c'est dans cette mesure, sur fond évident de masochisme, que le sujet s'identifie au fétiche. C'est finalement cette référence à l'objet 'a', chez Lacan, plus que la signification phallique du fétiche repérée par Freud, qui permet de spécifier le fétichisme comme structure. Mieux encore, c'est ce qui confère au fétichisme une valeur paradigmatique pour toutes les perversions, en l'associant toutefois au masochisme. En effet, à partir du moment où toute perversion repose sur une identification structurelle (passive, féminine, masochiste) à l'objet de jouissance, saturant par avance tout désir, et que cela s'accompagne d'un déni de la castration maternelle, il s'ensuit à chaque fois un processus de fétichisation comme « retour » du déni (exactement comme on parle d'un retour du refoulé), avec formation de substitution dont l'organisation dite « fétichiste » ne serait qu'un cas particulier (comme le sadisme, le masochisme secondaire, etc.). En éclairant la position exclusive du sujet en 'a', en deça du choix d'objet proprement dit, le structuralisme de Lacan opère une première généralisation : le fétichisme se trouve désormais, au même titre que le masochisme, à la source de toute perversion. Cependant le fétiche reste marqué d'une détermination phallique renvoyant à l'Autre ; il se situe, irrémédiablement, quelque part entre le sujet et l'Autre et ne représente jamais le premier que *pour* le second.

Or même si le processus de formation du fétiche et l'identification du sujet obéissent aux lois familiaristes de la psychanalyse, la logique du réel est tout autre : la signification du fétiche ne saurait être que l'autonomie radicale de l'objet, son impuissance à représenter quoi que ce soit – ni sujet, ni phallus, ni Autre – sinon la jouissance elle-même. Le fétichisme est la vérité de la perversion (et la perversion la vérité de la jouissance) parce que le fétiche, en tant qu'Unicité, Différence radicale, Jouissance exclusive, etc., n'est pas tant le substitut d'un manque réel (comme l'enseigne la psychanalyse) que le clone d'un Réel Un où les relations (donc le manque) n'existent pas encore.

Fin

Ce qu'il saisit [l'homme], ou ce dont il jouit, c'est d'autre chose que du rapport à l'objet, mais d'un rapport à son désir. (...) Ce désir est déjà fondamentalement quelque chose de pervers. (Jacques Lacan)

La perversion est-elle la « fin » du désir ? Rappelons d'abord le double sens courant du mot fin, comme indiqué dans le dictionnaire : 1° le terme ou la limite, c'est-à-dire la mort de quelque chose ; 2° le but ou la finalité, l'objectif. Déjà un sens fondamental paraît curieusement occulté, c'est celui porté par l'adjectif « fin » signifiant « fini », « affiné », ou « subtil »... Evidemment cela ne fait pas un concept philosophique, mais juste une qualité, une simple évaluation du réel. Fort de ce rappel sémantique, dans quel sens peut-on dire que la perversion est la fin du désir ? Est-ce que le désir humain, suivant en quelque sorte sa pente naturelle depuis son origine, irait nécessairement et inéluctablement dans le sens de la perversion ? Il faudrait rappeler différentes composantes structurelles du désir, mises en lumière par Freud et Lacan, telles que la disposition perverse polymorphe et l'indétermination de l'objet pulsionnel, le masochisme fondamental comme disposition originelle au jouir, et surtout le caractère structurant du fantasme (pervers par essence) pour le sujet du désir. Cela signifie-t-il au contraire que la perversion est une mort possible, mais somme toute accidentelle du désir ? Dans ce cas il faudrait parler surtout *des* perversions, au pluriel, voire des pervers, plutôt que de la perversion en général. On mettrait en avant le déni de la castration maternelle et sa compensation fétichiste, le défi et la transgression de la loi du Père comme loi du désir, celle-ci évacuée au profit de la volonté de jouissance, etc. Ou bien encore faut-il généraliser la perversion, son concept, mais autrement que dans la première hypothèse ? La perversion serait vraiment la forme a priori du désir, son existence fondée sur son altérité/altération même, son mystère, son scandale ! Et pourquoi cela ? Parce que la réalité désirée la plus fine, la plus affinée, en tant que potentiellement jouie, serait d'emblée une réalité *pervertie*. On ne veut pas dire par là qu'elle aurait (eu) à subir une perversion caractérisée ; au contraire, la «fin pervertie», ou le « perverti final » se situe aux antipodes du passage à l'acte pervers, qui n'est pas en deça mais au-delà d'elle. A titre d'exemple, si l'on admet qu'un pervers pédophile jouit de ce qu'il perçoit comme étant la pureté ou l'innocence de l'enfant, il est urgent de supposer au contraire la nature *déjà pervertie* de l'enfant, ce qui ne paraîtra pas trop irréaliste. Jouer « finement » avec la perversion – polymorphe, certes - des enfants pour en finir avec les actes pervers à leur encontre. D'ailleurs ce qu'on appelle la tendresse, le contact, la complicité, ce n'est rien d'autre que la jouissance réciproque et polymorphe, donc perverse, mais en aucun cas un acte victimisant un enfant.

Haine

Il va de soi qu'à moins d'accorder à la pathologie mentale une extension hégémonique que nous tenons pour abusive, la haine, en elle-même, reste neutre à l'égard de l'opposition du normal et du pathologique et qu'il deviendrait bien peu raisonnable de décider d'avance qu'elle se place toujours du côté de la maladie, ou encore de remplacer une appréciation clinique par une condamnation morale, ou enfin de tenir certaines haines pour motivées et d'autres pour immotivées. (Georges Lanteri-Laura)

Si la haine apparaît bien dans la sémiologie psychiatrique comme un sentiment très répandu, accompagnant par exemple une phobie d'impulsion, un délire d'interprétation ou ou bien un trouble schizophrénique, elle ne constitue pas elle-même une entité pertinente ou suffisante. Suivons la périodisation générale de la psychiatrie proposée par G. Lanteri-Laura, et la façon dont cette science peut analyser le sens des sentiments et des conduites de haine à partir des structures cliniques en vigueur à telle ou telle époque. Tout d'abord durant la période où domine la notion d'aliénation mentale (1793-1854), la haine apparaît comme inséparable des « manies sans délire » chères à Pinel : alors que la pensée du malade demeure saine, en revanche ses sentiments et ses actes sont marqués d'un grand désordre et d'une malveillance systématique. Diagnostic précisé un peu plus tard par son élève Esquirol, soulignant parmi les aliénations conductrices de haine le groupe des « monomanies » (instinctive, homicide, incendiaire, raisonnante...). Mais en faisant de ces malades des sujets essentiellement immoraux, la médecine reste avec eux dans une relation spéculaire, elle-même aliénée, où la haine s'explique circulairement par la haine, où la délinquance est une modalité réactive de la répression, etc. Puis s'impose le paradigme des maladies mentales (1854-1926), au pluriel, amenant une étiologie plus complexe. La haine concerne surtout les interprétations délirantes où prédominent la persécution, la jalousie, la revendication ou l'érotomanie (riche en attitudes réactives de dépit ou de rancune). La haine peut apparaître comme un sentiment durable ou bien par accès soudains, plus ou moins prévisibles. Elle est présente également dans certains délires schizophréniques sous la forme d'une ambivalence des sentiments, comme le mélange ou la succession inopinée de l'amour et de la haine. Enfin, les recherches se penchent beaucoup durant cette période sur les « altérations morbides du caractère » et la « déséquilibration » de la personnalité : on regroupe sous ce chef pittoresque toutes sortes de conduites asociales plus ou moins vicieuses (cruauté, paresse, bizarreries sexuelles, alcoolisme...) accompagnées de troubles de l'humeur, et on les explique en convoquant tout à la fois les facteurs héréditaires, éducatifs, et la fameuse « dégénérescence ». Bref, cela nous fait une tableau idéal de ce que certains ne vont pas tarder de nommer, mélangeant une fois de plus clinique et morale : « constitution perverse ». A l'époque des grandes structures (1926-1977), la référence théorique à la pulsion de mort s'avère incontournable, tout comme est fréquente l'assimilation tendancielle de la haine avec le sadisme ou avec la violence. Or il faut départager ce qui relève du fantasme pervers, en tant que tel structuré et limité, dominé par une sorte de haine froide, et ce qui relève de la mise en acte violente, signant parfois la psychose, où l'on assiste surtout à un débordement d'agressivité et de fureur. La haine perverse s'apparente plutôt à un refus systématique, voire dogmatique, de tout ce qui rappelle les prétentions de la Loi à régler l'ordre du vivant et de la jouissance. Au mieux elle constitue une mise à distance radicale, une unilatéralisation sans affect des principes dont découlent les lois mondaines ; au pire elle fait cercle avec ces dernières, comme dans le cas du pervers agressif qui ne fait qu'opposer une autre loi concurrente : l'impératif de la jouissance. Ce désir ou plutôt cette volonté, inévitablement contrariée, alimente la haine et fait du pervers un frustré malgré lui. Mais il y a une Haine plus puissante, moins « haineuse » en quelque sorte, qui écarte le désir lui-même et sa frustration pour s'en jouer et surtout en jouir, car elle est identique à la Jouissance. Elle n'existe sous cette forme que chez l'homme incapable d'éprouver la moindre haine à l'égard de lui-même, non parce que chez lui l'amour de soi serait premier et fondamental comme le veulent les doctrines antiques, mais parce qu'en tant qu'Homme Individuel et Un, il est avant tout *haï*, et que ce réel irrécusable hôte à jamais tout sérieux et tout enjeu véritable aux éventuels mouvements de haine...

Haine du père

Tout indique que l'Avenir de l'illusion religieuse et donc de la haine inconsciente comme cause de la modalité religieuse du lien social est encore assurée pour une longue période puisqu'il faut bien constater que malgré l'émergence de l'expérience analytique l'humanité ne sait pas « faire avec » l'incomplétude structurale du symbolique ni donc (sa version mythologique) la place vide du père mort. (Markos Zafiropoulos)

Le Freud de *Totem et Tabou* inscrit le crime et la haine du père à l'origine même de la société. Il rend également inséparables l'amour et la haine pour ce père, l'un étant inconscient quand l'autre apparaît conscient, et réciproquement. Tout d'abord, les fils meurtriers du père jouisseur auraient transmué la haine, via la culpabilité, en amour et adoration d'une instance idéalisée comme totem et plus tard comme Dieu unique. Au nom du père, ils se seraient ralliés à une loi sociale régulatrice fondée sur l'interdit de l'inceste. On voit comment le lien social est constamment, structurellement sous-tendu par une haine inconsciente du père, par-delà la vulgate d'un contemporain affaiblissement de l'autorité paternelle. On doit reconnaître en même temps la pérennité d'une aliénation religieuse au cœur même du pacte social, du moins en tant qu'il laisse échapper sur le mode symptomatique (et parfois incontrôlable) des manifestations de cette haine primitive. Le culte d'un Dieu bienveillant et tout amour n'empêche pas, on le sait, les déferlements de haine raciste et/ou xénophobe au sein d'une société « civilisée ». A tout le moins cela conduit à s'interroger sur l'ambivalence originelle de cette prétendue bonté. La haine inconsciente des fils pour le père, en amont de l'adoration divine, n'aurait-elle pas pour pendant la haine très évidente et très visible de ce Dieu pour ses fils ? N'a t-il pas poussé l'un de ceux-ci (Caïn) à commettre l'irréparable, en détournant son regard de ses oeuvres et en négligeant ses sacrifices, tout en sanctifiant au contraire, de façon injuste et unilatérale ceux d'Abel ? Ce regard n'est-il pas mauvais dès lors qu'il exclut et qu'il divise ; n'est-il pas ambivalent dès lors qu'il « couvre » ensuite littéralement les œuvres c'est-à-dire la descendance (dont nous sommes tous, par conséquent) du meurtrier ? Le complexe paternel et en particulier la haine inconsciente du père agit actuellement sur le lien social selon deux traditions distinctes, bien identifiables géopolitiquement : si à l'Est les fils s'entre-tuent au Nom-du-père, à l'Ouest les filles dénoncent et inculpent les pères réels. La haine obsessionnelle des guerriers de l'Est est inconsciente derrière leur amour de la Patrie et leur culte du chef militant, lequel fait encore figure de père idéal (ou parfois, plus perversement encore, de grand frère), et bien sûr la violence qu'engendre ces luttes n'empêche nullement la religion de les cautionner ; parallèlement, si la haine des filles semble bien motiver leur dénonciation des exactions paternelles, répression de plus en plus organisée juridiquement à l'Ouest et relayée massivement dans l'opinion, il faut bien reconnaître que cette plainte hystérique (sans doute légitime en soi, et en droit la plupart du temps) ne se justifie subjectivement que par la prégnance de l'amour inconscient. Bref cette sorte d'« hainamoration » dont le père fait l'objet, d'un côté comme de l'autre, assure un bel avenir à l'illusion religieuse. Selon le mythe freudien, la cause de tout ce ressentiment n'est autre que la jouissance initiale du père de la horde, à laquelle toute dérive perverse renvoie, puis l'insupportable absence de ce père mort, soit (pour parler plus « scientifiquement ») l'incomplétude structurale du symbolique. La jouissance, comme cela apparaît maintes fois dans le texte de Freud et de Lacan, est vue comme un ani*mal* mythique hantant à jamais les mémoires. La non-psychanalyse propose de lire ce mythe autrement, en s'installant de plain-pied dans son vécu, en le ressuscitant, pour que chaque sujet en tant que *Totem* (de) soi-même, en tant que jouissance, fasse fi du *Tabou* névrotique de l'humanité.

Homosexualité masculine

L'homosexualité masculine, telle qu'elle est considérée habituellement, commence avec la perversion, en tant que conséquence de l'amour du père totémique. (Gérard Pommier)

L'homosexualité masculine n'est pas seulement une question de choix de l'objet sexuel ni de choix d'une identité sexuelle. Elle consiste avant tout en une interrogation et une remise en question de l'apparente évidence *de la masculinité. Comment être, ou devenir, un homme ?* (Serge André)

En tant que mode de réponse à l'angoisse de castration, l'homosexualité n'appartient à aucune structure clinique particulière et présente une grande variété. On la rencontre aussi bien dans la psychose que dans la perversion ou la névrose, et ses formes masculines ou féminines ne sont aucunement symétriques. Pour la psychose, le terme de transsexualisme conviendrait mieux dans la mesure où il s'agit d'une identification amoureuse à la mère en tant qu'être phallique, ou androgynique, se traduisant par un amour narcissique du même et un rejet de la différence. Dans ce cas, il faudrait même distinguer une phase d'identification au phallus, typiquement transsexuelle, et une phase d'identification à la mère, plus contingente, marquée par une homosexualité généralement passive. Mais l'homosexualité typiquement masculine relève de la perversion. Dans la mesure où elle consiste à aimer les hommes, voire la virilité pour elle-même, et non les femmes (ce qui peut paraître un truisme), il faut voir son origine véritable dans une fixation à l'amour paternel, même si l'image du père est généralement recouverte par celle de la mère, ce qui permet au sujet de conserver le « genre » masculin. Le lien privilégié que celui-ci entretien avec sa mère, dans l'ordre du *désir*, et sa position d'objet destiné à combler la castration maternelle au niveau du fantasme, n'empêche pas le noyau *amoureux* père-enfant d'être déterminant (à la différence de la psychose). Soit le sujet homosexuel s'identifie au père aimant, soit il s'identifie au garçon aimé par le père, ce qui donne les deux variétés d'homosexuels, actifs et passifs. Dans les deux cas, l'ambiguïté quant à l'identité sexuelle y est savamment entretenue. On en veut pour preuve la pratique du travestissement : pour être réellement sexy et excitants, les vêtements ou les accessoires arborés par les homosexuels virils, tels les uniformes militaires ou policiers, doivent laisser deviner des dessous d'un genre plus délicat, tandis que les apparats explicitement féminins de certains homosexuels, de l'ordre du maquillage ou du déguisement, n'ont d'autre fonction que de masquer et finalement d'exhiber les attributs virils.

Il reste à comprendre l'exceptionnelle constance, à travers les siècles et les cultures, non seulement du lien homosexuel masculin mais aussi de sa répression. La dépendance à l'égard d'un père totémique, à la fois aimé et redouté, portant de toute sa mythique autorité le lien social tout entier, explique sans doute que l'homosexualité exhibant un tel amour, soit en bute aux représailles de l'instance paternelle elle-même. En fait, l'expression de l'amour homosexuel pour le père et sa répression sont les deux faces contradictoires d'un même lien, d'autant plus prégnant politiquement et socialement qu'il est occulté individuellement. La source totémique du lien homosexuel – racine perverse de tout

« pouvoir » - s'affiche dans les pratiques initiatiques de nombreuses cultures, qui imposent une allégeance homosexuelle totale du futur initié à l'égard de son maître, du moins le temps que dure son «éducation ». Par ailleurs, se défaire du pouvoir totémique tout en le perpétuant socialement, n'est-ce pas ce que le maniement des armes et la tuerie organisée (chasse, guerre) réalisent depuis la nuit des temps en répétant le meurtre du père, mais aussi en perpétuant un lien homosexuel sous-jacent ? Ainsi se vérifie que les plus virulents pourfendeurs de l'homosexualité masculine, au nom de la « nature » ou encore de l'ordre moral, vivent toujours dans la dépendance inconsciente et collective d'un tel lien. (Il faut noter que si l'homosexualité féminine fait plus ou moins exception à la répression, c'est précisément parce que ses implications et plus exactement ses fondements politiques sont nuls. En effet, il n'échappe pas au hommes exerçant le pouvoir que l'amour homosexuel féminin, prenant appui sur l'amour paternel et imitant bien souvent le désir masculin, ne remet absolument pas en cause la prééminence du phallus ni donc véritablement l'ordre social. Ajoutons à cela qu'il représente un attrait fantasmatique non négligeable pour l'homme !) Donc les sources initiatiques, politiques et culturelles de l'homosexualité se confondent au sein d'un discours dominant qui n'est autre que le discours du maître, au service de ce que l'on pourrait presque appeler « l'ordre homosexuel ». A l'époque préhellénique, la finalité guerrière de l'initiation ne faisait aucun doute : il s'agissait de forger les mâles combattants en réduisant et en humiliant la part féminine des adolescents. D'autre part, l'ordre social tout entier était suspendu à ces pratiques qui anticipaient souvent les futures alliances familiales et matrimoniales. Selon certaines coutumes indo-européennes, un jeune homme « enlevé » selon les règles, puis affranchi sexuellement (dépucelé) par un homme d'une autre famille, pouvait prendre pour épouse la fille de ce dernier. La pédérastie grecque classique à substitué à cette dimension initiatique et socialement réglée de la pédérastie une dimension purement éducative. En le vulgarisant, elle tend paradoxalement à pérenniser un lien qui devait conduire initialement à une mort symbolique ; à l'époque de Socrate, au contraire, la pédérastie est le moyen même pour parvenir à l'immortalité que propose la philosophie, soit la science de l'amour et l'amour de la science confondus ! Les Romains perpétuent le culte de l'homosexualité, tout en la condamnant sous certaines formes. Comme les Grecs, ils conçoivent avant tout la différence sexuelle selon le clivage maître/esclave, plutôt que homme/femme. Si bien que le plus important, la vertu, ce n'est pas d'être homo ou hétéro, mais d'être actif. L'homosexualité purement passive était condamnée tout comme les relations aberrantes, dénaturées, entre maîtres et esclaves par exemple. Dans le fond, si cette époque était moins libérale que la nôtre, elle était aussi moins naïve. En effet, que signifient toutes ces pratiques plus ou moins rituelles, concernant l'accès à la virilité, sinon le fait précisément que la virilité, cela s'acquiert : on ne naît pas homme, on le devient. Vérité étonnante pour la psychanalyse freudienne qui semble avoir réservé ce devenir à la femme. Selon Freud, la reconnaissance de l'identité sexuelle est surtout problématique pour la femme, un homme sachant toujours à quoi s'en tenir grâce à l'organe qu'il détient de nature. La question moderne de l'homosexualité, et les questions des homosexuels à la psychanalyse, opposent un démenti cinglant à pareille certitude. D'autre part, on commence à comprendre que la question de l'homosexualité constitue, en tant que telle, une quête initiatique de la virilité. A partir du Moyen-Age, il est vrai que cette quête apparut de plus en plus contre-nature. Les raisons en sont complexes. La religion chrétienne ne condamne pas dogmatiquement l'homosexualité ; d'ailleurs que ce soient dans les communautés monastiques ou dans la chevalerie, l'idéal homosexuel resta extrêmement prégnant. Ce n'est pas encore le choix de l'objet, masculin ou féminin, mais plutôt le choix du sexuel comme tel qui fait problème et attire les foudres de l'Eglise. Encore ce mouvement répressif clérical fût-il assez tardif, postérieur en tout cas aux croisades, le « bon chrétien » ayant tendance à diaboliser et à reporter sur le « mauvais musulman », l'Autre, la réalité diabolique du sexe, du viol et de la sodomie. S'y ajoute des interrogations plus théologiques, à partir des 12è et 13è siècles, sur l'aspect plus ou moins licite des actes homosexuels au regard de la Nature et de la Création. Le concept de Nature est suffisamment large et contradictoire pour autoriser une thèse et son contraire : y voyant le principe actif et mouvant de toute chose, les philosophes antiques en faisaient aussi la source et la justification de leur homosexualité active. Mais au Moyen-Age, l'aspect passif de « création » prend le dessus, cependant que la divinité en dernière instance de la nature lui assigne comme but la réconciliation des contraires, le retour à l'unité divine ; bref, en matière de sexualité, on ne jure plus que par l'union soi-disant naturelle du mâle et de la femelle. Les contradictions de la morale se nourriront longtemps des apories propres au concept de nature, déjà présentes chez un saint Thomas d'Aquin par exemple, lequel nous parle d'une nature-vie dont participe la part animale de l'être humain en tant qu'elle vise la légitime reproduction de l'espèce, mais aussi d'une nature-raison propre à l'homme et à sa finalité mystique, préconisant alors plutôt la chasteté. Dans les deux cas, l'homosexualité est jugée contre-nature.

La psychanalyse a définitivement rompu avec la thèse qui voudrait voir une continuité entre la sexualité animale et la sexualité humaine et qui voudrait imposer une normalité des conduites en fonction de ce qui serait conforme à la nature humaine. Tout porte à croire que la sexualité humaine fut d'abord déviante au regard de la nature, pour appartenir de plein droit à la culture. D'ailleurs, la reproduction sexuée dans le monde animal n'apparaît pas en elle-même comme une évidence ; elle ne sert pas la reproduction d'une espèce (aussi efficace, sinon plus, sur le mode asexué) mais plutôt sa différenciation et sa diversification. Quant à l'espèce humaine, on sait que la rupture culturelle d'avec le monde animal est marquée par la loi de l'exogamie et l'interdit de l'inceste. Dans ce monde humain, les femmes sont placées le plus souvent comme instruments de la jouissance des mâles, alors que c'est l'inverse dans le monde animal. Enfin la psychanalyse va plus loin encore que l'anthropologie, elle détruit la croyance en une complémentarité naturelle des sexes à l'échelle humaine, ou pire encore, elle affirme comme Lacan qu'il n'y a pas de rapport sexuel. Le propre de l'humain étant la parole, sa sexualité se trouve irrémédiablement lestée par l'élément symbolique, médiatisée par la demande et la nécessité de la jouissance, distribuée et différenciée au terme de « complexes » familiaux, au premier rang desquels se trouve le complexe d'Œdipe. Ce que la psychanalyse appelle le Phallus est l'unique symbole, pour les genres masculin et féminin, du désir sexuel en tant que structuré par le manque, et se substitue proprement à l'instinct. Il n'est pas évident, sous ce régime, qu'un mâle soit attiré par une femelle, et réciproquement. L'assomption de la castration pour un sujet signifie donc ceci : un garçon devra « réaliser » qu'il n'est pas le phallus de sa mère, s'il veut prétendre le posséder, et désirer plus tard une autre femme ; une femme devra réaliser qu'elle ne l'a pas, du moins pas complètement, si elle veut désirer à son tour un homme. C'est dans ce contexte, dans cette articulation du complexe d'Œdipe et du complexe de castration que l'homosexualité prend place, et selon deux voies différentes. La castration peut être insuffisante, comme dans la structure perverse, au point que le sujet abandonne tout espoir de posséder le phallus, et se contente de l'*être* pour colmater la castration maternelle, selon le procédé du démenti qui produira le fétiche. Si le pervers ne désire pas vraiment, porté qu'il est par une volonté de jouissance absolue et immédiate, le névrosé se contente de différer son désir et encore plus sa jouissance, se sentant en quelque sorte « trop » castré par l'Autre (paternel) ; incapable d'assumer son « avoir », il s'imagine presque « être » le phallus à la manière perverse. La crainte et en même temps l'amour du rival paternel produisent une féminisation du fils, caractéristique de l'homosexualité névrotique ; le choix d'objet homosexuel rend toutefois compatible le *désir* pour la mère, à qui il consacre sa virilité, et *l'amour* fusionnel pour le père. De son côté, l'homosexuel pervers incarne d'autant mieux la contradiction quant à l'identité sexuelle, qu'elle est structurée par le démenti. D'une part le pervers reconnaît l'existence de la castration maternelle, donc se prend réellement pour un homme possédant le phallus ; mais d'autre part, il la nie *quand même* et fait comme s'il était le phallus maternel : le fétiche réalise objectivement un compromis entre ces deux positions. Posture inconfortable, qui semblerait à quiconque insoutenable ; et pourtant le propre du pervers est de soutenir cette *imposture* (selon le mot de Serge André). L'imposture première appartient à la position perverse elle-même, au niveau de l'être ; l'imposture seconde concerne tous les rites mis en œuvre, exactement comme aux âges archaïques, pour accréditer la possession du phallus et affirmer une virilité qui semble n'être jamais assez idéale ou assez pure. Ajoutons à cela que les insignes phalliques sont puisés chez la mère, ou la grand-mère, évidemment pas chez le père dont la fonction est dévalorisée dans le discours de celles-ci. Il y a une véritable éthique de la transmission, chez l'homosexuel pervers, pour tout ce qui touche à la définition du mâle, qui fait de lui un authentique moraliste. On pourrait peut-être conclure de cette tendance à la pédagogie, déjà présente en Grèce et faisant suite aux anciens rites initiatiques, que l'homosexualité tient son essence de la pédérastie. Ceci n'est concevable qu'à maintenir une dimension authentiquement amoureuse dans la « psychologie » de ces sujets, faute de quoi on risque de ne retenir que l'impératif de jouissance et les réduire à des monstres jouisseurs. Disons que l'impératif de jouissance signe la perversion comme telle, tandis que le lien homosexuel mérite le qualificatif d'amoureux, ou d'érotique, au même titre que le lien hétérosexuel. Pour revenir à cette « morale de la virilité » que l'on rencontre développée chez des écrivains homosexuels célèbres, comme Jouhandeau et Montherlant, ou Genet et Mishima dans un style plus « hard » (exemples magistralement développés par Serge André dans *l'Imposture perverse*), il convient de souligner ses particularités. La virilité idéale prônée par ces moralistes ne se définit pas en relation avec la féminité, mais au contraire avec la mort et avec la Loi. Cette virilité de mâles purs, étrangement efféminés par ailleurs, ne se mesure qu'à l'aune d'un « mal radical » spécifique, soutenu par une volonté inflexible et une allégeance absolue au sens du sublime – ce que Lacan résume d'une formule, pour l'appliquer toutefois au psychanalyste : l'idéal de la sainteté par l'abjection. Le moraliste pervers se doit avant tout de faire le mâle et/ou le mal en beauté. La Loi homosexuelle perverse est d'imposer une conception du désir comme mort, une loi dont le caractère absolu annihilerait par avance toute autre loi et tout désir, au point de diviser le législateur lui-même. Cependant le pervers n'est sans doute pas assez bon philosophe : il confond mal radical et mal absolu, en faisant de celui-ci un objet de désir (et pas seulement une caractéristique de la volonté du sujet) rapporté à un grand Autre extérieur et divinisé. La limite ou l'imposture du désir pervers apparaît ainsi car il ne saurait y avoir de mal sans le bien, ni de mâle sans les femmes. Le pervers vit parfois cette impasse en plongeant dans l'abjection, par des conduites addictives ou même suicidaires dont la drague homosexuelle participe en période de Sida. D'autres fois, il se ressaisit et passe du côté de la sublimation, dont l'aspect éducatif dont on a parlé participe assurément, malgré les risques qu'il comporte (pour les enfants, évidemment). La sublimation artistique restant la solution de substitution la meilleure, la plus socialisante pour le sujet, même s'il reste toujours à ce titre un « comédien », comme l'a écrit Sartre à propos de Genet. Le monde devient alors un théâtre, une comédie, et c'est paradoxalement la meilleure façon qui se présente à lui pour aborder le réel. Quant à la psychanalyse, elle ne saurait avaliser un discours qui revendiquerait ou au contraire qui condamnerait l'homosexualité : son discours est celui qui affirme la prééminence du manque dans la sexualité humaine, structurée par la castration, et elle condamne la perversité de tout discours, *sur* l'homosexualité ou *de* l'homosexualité, qui proposerait une jouissance absolue en dehors de la dimension symbolique du Phallus. La psychanalyse accueille la revendication homosexuelle en tant qu'elle témoigne précisément du problème de la différence des sexes, et parce qu'elle semble confirmer l'existence d'une seule sexualité – c'est toujours du Phallus qu'il s'agit - génératrice de différences. Bref *l'imposture* perverse (S. André) ne serait qu'une modalité particulière, sous le sceau du déni, d'une *posture* phallique universelle propre à l'animal parlant. Cela revient à avouer que les deux font système, relèvent de la même logique d'évitement de la jouissance en se positionnant par rapport au Phallus, symbole du manque. C'est pourquoi l'existence du sujet, en psychanalyse, est encore beaucoup plus « positionnelle » que véritablement « posturale », si l'on peut dire ; elle se meut dans une forme de transcendance (un rapport à soi, même et surtout s'il est manqué) et non dans l'immanence du non-rapport, c'est-à-dire de l'identité. A notre avis, il faudrait peut-être revoir les choses par ce bout. Il faudrait prendre au sérieux et surtout généraliser la formule de Lacan à propos du « non-rapport sexuel » et ne pas se laisser obséder par le rapport à l'objet : car même si le choix d'objet proprement dit (les hommes, la virilité) apparaît moins déterminant que l'identification du sujet au phallus (cette fois comme objet imaginaire, faisant défaut à la mère), le sujet homosexuel demeure foncièrement aliéné à l'objet aux yeux d'une doctrine analytique qui ne cesse de l'infantiliser. Il serait resté cet enfant du déni, identifié par désir ou par amour à un père ou à une mère idéalisés, sujet en mal d'identité sommé socialement de choisir le camp masculin ou féminin... Cependant on ne fait jamais que supposer cette « souffrance » et cette errance aux homosexuels ; on pense qu'ils aiment les hommes pour l'amour de leur père (c'est surtout la thèse de Gérard Pommier), on va jusqu'à parler de « choix » homosexuel (concept de choix qui renvoie en fait à l'identification) et on leur dénie la *paternité* d'une *posture* subjective, ou mieux encore « individuale », qui constitue l'unique et véritable *père-version* humaine.

Homosexualité féminine

C'est la capacité *de porter un enfant et de suffire à sa vie qui a, pour elle, le statut d'une* puissance *inégalable par l'homme.* (Serge André)

La question de l'homosexualité féminine soulève généralement deux problèmes, qui se rejoignent d'ailleurs : le premier concerne le rapport apparemment asymétrique entre les formes masculines et féminines de l'homosexualité, le second est celui de l'existence éventuelle d'une forme typiquement féminine de perversion, dont participerait justement l'homosexualité. Lacan avait apporté une réponse unique aux deux questions en avançant que l'homosexualité ne pouvait signifier que l'amour du même, c'est-à-dire du sexe universellement masculin symbolisé par le phallus, tandis que l'amour des femmes méritait de quelque forme qu'il se présente le qualificatif d'hétérosexuel, puisque aimer une femme revient toujours à aimer l'autre sexe. De ce point de vue, écartant résolument le critère de l'inversion, il n'y aurait tout simplement pas d'homosexualité féminine. Pour répondre à ce syllogisme lacanien, Serge André (*L'Imposture perverse*, Seuil, 1993) s'attache à reconsidérer la deuxième question, celle de la perversion. Si l'on parvient à montrer en effet que le fantasme de certaines femmes est de structure indéniablement perverse, incluant même une forme particulière de fétichisme, il faudra bien admettre que leur identification phallique les éloigne radicalement de l'amour des femmes et donc de l'hétérosexualité. Un chose est sûre, si l'homosexualité féminine semble moins scandaleuse et moins surveillée que l'homosexualité masculine, c'est parce qu'elle ne remet pas fondamentalement en cause la dignité du sacro-saint phallus, symbole de la Loi et de l'ordre dans notre civilisation. En effet on ne peut s'affranchir de l'impression que les homosexuelles, quelque soit leur structure, ne peuvent éviter de « faire l'homme » quand bien même elles passeraient leur temps à le défier. Il convient d'abord, au moins à titre heuristique, de repérer une forme d'homosexualité féminine relevant clairement de la structure hystérique. La question fondamentale porte sur la nature du désir féminin, via une identification au père imaginaire (comme dans toute névrose). L'hystérique refuse de considérer que ce désir se satisfasse, pour une femme, à accepter le rôle d'objet de jouissance que les hommes leur attribue, plus ou moins systématiquement, dans leur fantasme. Elle pose donc – à une femme d'abord, mais au-delà, à l'homme – la question de savoir comment on aime une femme. Elle ne veut rien savoir du désir masculin, elle ne veut que l'amour ; elle ne veut pas être objet de fantasme, mais objet d'adoration. C'est pourquoi elle a recourt à l'autre femme, aimée ou amante, pour médiatiser son rapport avec les hommes dans l'ordre du désir. Or, cette distinction fondamentale du désir et de l'amour nous amène à considérer que, certaines fois, c'est bien de désir qu'il s'agit entre femmes et non d'amour. Ce qui compte, ce n'est pas seulement le choix d'objet (sans discrimination a priori entre amour et désir), mais l'identification sexuelle, au niveau du fantasme, impliquant cette fois les dimensions du désir et de la jouissance.

Certaines femmes, en effet, désirent les femmes exactement comme les hommes peuvent les désirer, c'est-à-dire en les réduisant d'abord à des objets de jouissance, et n'y incluant l'amour qu'après-coup. Comment une telle différenciation sexuelle, entre femmes… du même sexe, peut-elle se constituer ? C'est ici que la dialectique phallique reprend ses droits, en ce sens que l'identité sexuelle n'est pas biologique mais qualifie un certain rapport symbolique au Phallus (en tant qu'unique symbole sexuel), soit deux types de rapports qui se spécifient grammaticalement sur les modes de *l'avoir* et de *l'être*. Avoir le Phallus, ce n'est pas spécialement posséder un pénis, mais signifier à l'autre sexe (donc une femme) que l'on peut, sinon satisfaire, du moins répondre à son désir. Or c'est précisément sur ce mode de l'avoir que l'homosexuelle véritable, que l'on va qualifier de perverse, entend rivaliser avec l'homme. En quoi elle est *crue* d'ailleurs, du moins quelque temps, par l'homosexuelle hystérique (avec laquelle elle peut faire couple) qui a discrédité depuis longtemps le désir masculin, comme incapable de satisfaire son « vrai » désir féminin « au-delà » même du désir, désir transcendant et infini (preuve qu'elle le confond avec la demande et l'amour). Naturellement, presque narcissiquement, elle s'imagine que seule une femme, une « vraie femme », l' « Autre femme » peut satisfaire le vrai désir comme Autre désir. C'est ici qu'elle se leurre, elle qui rêve d'hétérosexualité absolue, car qu'est-ce qu'une vraie femme ? Serait-ce l'homosexuelle perverse, qui ne demande qu'à la faire jouir (éventuellement l'aimer) comme un homme le ferait, mais mieux que lui, c'est-à-dire comme un sur-homme ? Se laissera-t-elle berner, *abuser* même ? Car le désir pervers, lui, ne s'embarrasse pas de question sur l'essence de la féminité, et ne joue pas à repousser la jouissance : il se rabat plutôt sur un impératif de jouissance immédiate. D'autre part l'homosexuelle véritable n'aime pas les femmes au sens où l'hystérique aime la féminité ; de ce point de vue elle les déteste plutôt. Son identification est double : en tant qu'homosexuelle, elle connaît l'identification « régressive » au Père (comme le dit Freud). Mais en tant que perverse, elle s'identifie à la mère phallique primordiale qui châtre les hommes et les exclut partiellement de leur univers. Pas entièrement (comme pour les psychotiques) :

l'homme reste présent dans la vie de l'homosexuelle perverse en tant que châtré précisément, en tant que défié, et s'il s'agit d'un analyste spécialement, en tant que *trompé*. Perverse elle l'est au sens où la répartition n'est pas seulement du genre : les hommes d'un côté (le mal), les femmes de l'autre (le bien), mais bien plus narcissique : d'une part la femme et sa mère apparaissent non châtrées, d'autre part les autres femmes (les hommes sont laissés tombés comme objets sexuels) sont réduites à des objets potentiels de jouissance et sont châtrées. Cette identification à une maternité primordiale, non sexuée, nous met sur la piste pour reconnaître l'existence d'un fétiche spécifique à l'homosexuelle perverse, peut-être à toute femme perverse. Chez la femme, le fétiche se ramène à sa progéniture, disait Lacan. Quelle fonction ce fétiche pourrait-il avoir ? La même que le fétiche masculin qui est censé masquer et dévoiler en même temps ce que le petit garçon n'a pas vu au niveau du sexe maternel, de sorte que le fétiche représente le phallus imaginaire maintenu à cette place. Il est clair que l'enfant, s'agissant d'un être imaginaire et fantasmé le plus souvent, ou bien plus rarement d'un être réel en position directe d'objet de jouissance (et donc d'objet surprotégé) constitue un phallus idéal pour l'homosexuelle désireuse de prouver aux hommes qu'ils sont à peu près inutiles, tant pour fabriquer des enfants que pour assurer la jouissance sexuelle d'une partenaire féminine. L'enfant fétiche n'a le plus souvent d'existence qu'imaginaire, invisible plutôt que visible, intérieure plutôt qu'extérieure : il est censé appartenir originellement et de plein droit au corps féminin, en commençant par le corps maternel, « gros » depuis toujours d'une telle potentialité de vie et de jouissance. Dans l'analyse célèbre de la « jeune homosexuelle », Freud a montré la position d'enfant-objet auquel se réduisait la jeune fille au moment de son passage à l'acte, en chutant du haut d'un pont de chemin de fer. Elle réalisait par-là ce phallus imaginaire, sur le mode du dépit causé par l'attitude du père, en accouchant potentiellement d'un enfant mort. Mais dans le cas des homosexuelles perverses et déclarées, ce stade de l'adresse au père n'est plus de mise : le phallus, elles l'ont, elles ne le sont pas, et elles s'en servent (c'est une puissance). Elles n'ont pas l'intention de devenir mère, et se conduisent plutôt comme des surhommes, fortes de l'enfant-fétiche qu'elles ont en elles imaginairement et qu'elles ne céderont jamais, vu qu'il s'identifie à leur organe sexuel et à sa puissance supérieure à celle de l'homme, comme en constante érection interne. L'explication psychanalytique semble ainsi parfaitement achevée. Il reste qu'on ne peut pas réduire l'existence d'un sujet, fût-il pervers, au rapport simplement autistique avec cet objet de jouissance et de puissance qu'est le fétiche. Relançons au moins la réflexion, et traçons une piste. Loin d'être seulement une sujétion à la mère toute puissante, l'essence de l'homosexualité féminine ne réside-t-elle pas plutôt dans l'extériorisation et l'utilisation *politique* du fétiche, et ne faut-il pas reconnaître une dimension proprement éthique à la *provocation* homosexuelle ? En admettant la thèse de l'enfant-fétiche, porté par les femmes homosexuelles, de quel message est-il porteur, lui ? Quelle génération d'« hommes » annonce-t-il ?

Hystérie

C'est là sans doute la victoire secrète de Phèdre : d'avoir déréglé les rapports du monde – familiaux, sociaux et même politiques. D'avoir produit une parole interdite, là où elle n'était pas prévue, elle a déréglé les lois du langage pour y inscrire son symptôme sublime. (Paul-Laurent Assoun)

L'hystérie est perverse, non seulement parce qu'elle s'accompagne d'une part de fantasmes non négligeable, dans le sens où elle met en scène une forme de transgression et une remise en cause de l'ordre social. C'est bien ce qui se passe dans la tragédie de Phèdre qui incarne presque l'archétype de la Passion féminine devenue passion *pour* la femme. Mais cette passion fait symptôme, comme on l'observe dès le 17è siècle, tant sur la scène théâtrale que sur la scène médicale. La Phèdre de Racine érige le symptôme, autre nom de la passion, à la dimension du tragique : cela a pour effet de muer une première faute impossible à symboliser, devenue symptôme, en une seconde transgression que constitue la *puissance* dévastatrice d'un certain langage, celui de la tragédie. Dans le même temps, en cette deuxième moitié du 17è siècle, les femmes « malades » de leur passion ne sont plus considérées comme des sorcières ou comme des possédées, responsables dans un cas, victimes dans l'autre, mais précisément comme des « hystériques » (le terme connaît alors un regain d'intérêt) dont le symptôme passionnel relève d'une relation perturbée entre l'âme et le corps. Le médecin anglais Sydenham trace un premier tableau clinique de cette maladie spécifiquement féminine qui se déclenche le plus souvent à l'occasion d'un « chagrin » : la catégorie des troubles « psychogénétiques » est née. Tout en détaillant les aspects somatiques, il insiste sur les manifestions psychiques et morales telles que l'abattement, le désespoir, la haine ou la jalousie... Dans le cas de Phèdre, la filiation féminine du mal semble avérée ; les symptômes physiologiques ainsi que la « dépression » mélancolique sont amplement restitués. C'est le corps qui se plaint et s'afflige, s'épuisant à soutenir le désir dans sa pureté d'origine, au-delà des mesquineries de la vie (« Tout m'afflige et me nuit, et conspire à me nuire »). Or ce désir et cette passion ne visent nullement leur satisfaction. La perversion réside dans ce détournement ou cette transgression, lorsque le dire – l'aveu - de la passion se substitue à la passion. L'Autre réel (Hippolyte), objet du désir, est surtout désigné comme cause de la passion et donc responsable des maux occasionnés. Le corps hystérisé et monstrueux de la passion se veut pure exhibition destinée à culpabiliser l'Autre. «Regarde ce que tu as fait de moi. » En exhibant et en victimisant ce corps féminin, l'hystérique fait-elle autre chose que renvoyer à l'Autre l'image insupportable de la castration, pour le confondre et pour le posséder tout à la fois ? C'est sa propre haine de la castration, voire sa profonde misogynie qui la pousse, dans un parfait jeu de miroir, à castrer son partenaire en décochant sur lui les flèches de sa plainte. La parole qui exprime à ce point le désir est plus que pathétique, elle est tragique et transgressive, scandaleusement subjective, car elle perturbe l'ordre social et les règles du langage en faisant entendre un discours excessif, hors du commun. L'hystérique joue la passion incestueuse contre les échanges familiaux traditionnels, où la femme apparaît comme un bien symbolique dans le système patriarcal (incarné par Thésée). Elle apparaît monstrueuse dans ce système et révèle en même temps la monstruosité du système (la nouvelle de la mort de Thésée a pour effet de libérer la parole transgressive, l'annonce de son retour entraîne une répression hypocrite et injuste), dont elle ne peut pas s'affranchir complètement. Il faut bien admettre que ces aspects « politiquement incorrect » et surtout « mauvaise langue » de l'hystérie n'acquièrent leur pleine dimension que dans la littérature. La « passion » de la langue exhibée dans tous ses états remplace avantageusement les souffrances du corps réel. Encore faut-il, pour pouvoir parler de perversion et donc de transgression, que la *fétichisation* de la langue (ou plutôt de la « lalangue » du sujet, pour reprendre Lacan), soit suffisamment effective pour s'affranchir de toute expressivité ou représentativité à l'égard du réel. Aujourd'hui, ce n'est plus la tragédie mais la poésie (en tant qu'expression a priori absolument libre et abord résolument matérialiste du langage) qui peut supporter une telle fonction transgressive, car elle seule défait et repousse assez loin les codes sociaux de la jouissance. On parle donc de la poésie la plus politique et la plus rare, la plus concrète et la plus élémentaire, ce qui désigne essentiellement les poésies visuelles et sonores – excessivement méconnues. Ces formes touchent à la jouissance plutôt qu'au Sens et mettent en avant l'objet (par exemple l'objet « voix » dans la poésie sonore) plutôt que le sujet. L'avantage considérable est de laisser entendre, ou voir, que si le poème concret est jouissance, il ne saurait exister quelque part de jouissance absolue ; le poème fétiche se présentant comme Un, comme monument dérisoire, se substitue lui-même à cet espoir ; il présentifie l'impossibilité radicale de présenter ou de dire la jouissance ; il pervertit *littéralement* la question hystérique à ce sujet et s'offre comme réponse, de même qu'il rend inutile tout autre symptôme que lui-même.

Identité sexuelle

Si l'assomption de notre identité sexuelle en tant que sujet parlant est fondamentalement assujettie à la fonction phallique, nous devons nous rendre à cette évidence du caractère nécessairement secondaire de la spécification anatomique des sexes dans l'assurance que nous avons de nous sentir femme ou homme, selon le cas. (Joël Dor)

La question de l'identité sexuelle étant étroitement liée au positionnement des sujets par rapport à la fonction phallique, il convient de distinguer la spécification anatomique des sexes (qui en général n'échappe pas à la conscience des individus) et l'élaboration psychique qu'un sujet peut faire à partir de ce réel pour constituer sa véritable identité. Les difficultés et les incertitudes liées à ce travail psychique, voué dans le meilleur des cas à l'assomption de la castration pour le sujet, expliquent néanmoins les différents avatars qui peuvent en résulter, dont le plus spectaculaire reste sans doute le transsexualisme. Il n'est pas totalement inutile de rappeler brièvement les quatre formules logiques de la sexuation d'après Lacan, en tant qu'elles prescrivent une bipolarité irréductible des sujets sexués en specimen hommes ou femmes. Quatre formules logiques, donc, épinglant deux espèces fondamentales d'inscription dans la fonction phallique. Par « fonction phallique », il faut entendre très exactement la castration, et pas seulement le fait d'avoir ou de ne pas avoir le phallus (bien que d'une certaine façon la castration se déploie dans une problématique de l'avoir par opposition à celle de l'être) : on « a » le phallus, d'une part quand on a renoncé à l' « être », d'autre part quand on sait qu'on ne l'a pas (surtout sous les auspices du pénis réel). Le « savoir du psychanalyste », selon l'expression de Lacan, se résume à deux formules bien connues : « Il n'y a pas de rapport sexuel » et « La femme n'existe pas ». Deux slogans qui contestent l'universalité de la fonction phallique et prônent une disjonction radicale entre les sexes. Non pas l'égalité, par conséquent, mais une légalité dans la différence au regard d'une seule et même fonction phallique. L'une des formules exprime l'universalité de cette fonction appliquée au hommes : « tous les hommes sont soumis à la fonction phallique ». Tous sont castrés, c'est-à-dire limités dans leur jouissance, bornée par un interdit. Oui mais, deuxième formule, cela n'est vrai que si au moins un homme fait exception à cette loi : le père mythique de la horde, avant que l'interdit de l'inceste ne soit promulgué par les fils. Du côté des femmes, il faut tenir compte à la fois d'une impossibilité et d'une contingence. D'abord il n'existe pas de femme qui ne soit soumise à la loi phallique (comme une chose existant et jouissant pour elle-même, sans référence à l'Autre, comme une mère sans père...). Seulement, dernière formule, ce n'est pas pour-toute femme (entendre : pour la femme une, toute entière), que cette loi s'applique. Il y a une jouissance supplémentaire chez la femme, sans doute supplémentant la fonction phallique et donc en rapport avec elle, mais non de nature à instaurer un rapport inscriptible, logique, universel, entre les hommes et les femmes sur le plan sexuel. C'est d'ailleurs pourquoi l'acte sexuel est un ratage qui produit du manque et entretient le désir. La question de l'identité peut maintenant être décantée : elle revient à s'inscrire obligatoirement d'un côté ou de l'autre de la répartition (il n'y a que deux côtés : homme ou femme), en assumant pleinement la castration pour les hommes et la division (en une part castrée et une part non castrée) pour les femmes. En tant que nécessairement inconscient, ce « choix » sexuel relève d'une causalité hétéronome qui convoque, à tout le moins, l'Autre parental. Dans le processus d'attribution phallique, la relation au père s'avère essentielle puisque c'est lui qui est censé transmettre la loi. Le père n'« est pas sans l'avoir », à partir du moment où cet avoir est surtout perçu comme symbolique et promeut les identifications marquées du sceau de la castration chez le garçon et la fille. On peut parler d'une dialectique du don phallique, tant en ce qui concerne la filiation que dans le cadre de la relation amoureuse : le père est celui qui donne littéralement ce qu'il n'a pas, le phallus, ce qui donne consistance à ce même phallus (et à la loi) dans sa différence avec le pénis.

Il existe plusieurs manières pour le sujet de contester la transmission de la loi et de brouiller les cartes de l'identification sexuelle. C'est ainsi que l'hystérique met le père au défi de faire la preuve de sa virilité, guettant, épinglant toutes les facettes du manque, à commencer par celle, impardonnable, qui consisterait pour le père à se réfugier derrières ses attributs organiques pour masquer son manque d'autorité. Mais elle-même, par sa façon d'en remontrer au père en matière de virilité, commet cette même faute. Alors que l'hystérique se lamente des faiblesses du père tout en ne cessant de faire appel à lui, la femme homosexuelle n'attend plus rien du père. Le défi qu'elle lui lance est déjà une condamnation, et une usurpation. Elle va se charger de montrer au père ce que c'est, réellement, de donner ce qu'on n'a pas : non plus transmettre, au sens neutre ou légal du terme, mais restituer à une femme le phallus en l'incarnant soi-même. Ce faisant, elle entame le passage d'une dialectique de l'avoir à une dialectique de l'être, grosse de confusions entre imaginaire et symbolique. Au niveau de la perversion, qui dépasse la simple contestation pour accomplir le déni de l'attribution phallique du père, on trouve bien sûr le fétichiste qui affuble la femme d'un simili-phallus, précisément au moyen de l'objet fétichisé. Mais la défaillance de l'identité sexuelle est surtout flagrante chez le travesti, qui se fait en quelque sorte fétiche pour la femme, pour la mère, lui donnant ce qu'elle devrait avoir. Ce faisant il ne s'identifie pas à la mère ou à la femme, mais à ce complément qu'est la fonction proprement dite du voile : l'habillement est l'élément qui, associé à son propre organe – ô combien nécessaire –, conditionne sa jouissance sexuelle. Si névrose et perversion constituent autant de failles, de détournements spécifiques de l'attribution phallique, elles inscrivent quand même le sujet et l'Autre dans une dialectique ouverte qui est celle de l'avoir, et donc de la transmission du phallus. Il n'en va plus de même chez le transsexuel, que l'on situe au lieu d'une ambiguïté fantasmatique fondée sur la confusion pure et simple organe/phallus (réel/symbolique), à mi-chemin entre perversion et psychose : le lieu d'un « hors-sexe » radical. Il semble cependant que le transsexualisme masculin s'apparente davantage à une psychose, alors que le transsexualisme féminin reproduit plutôt des éléments de structure perverse. Il est vrai que certaines différences entre homosexuels et transsexuels paraissent structurelles. Il faut auparavant écarter des raisons de façade, comme par exemple le sentiment d'identité que possèderait « depuis toujours » le transsexuel (sa certitude, sa « sincérité » plaidant pour le « naturel » de la cause), au contraire du travesti qui se contenterait de se déguiser et de « jouer » à la femme. D'autres voient un trait distinctif de transsexualité dans le fait d'avoir vécu une liaison fusionnelle avec sa mère, au point d'avoir acquis (ou plutôt gardé) par là-même tous les traits de la féminité, érigée de facto en identité sexuelle primordiale et universelle (Stoller, 1975). D'abord, le sujet transsexuel, en tant que sujet par essence divisé, n'est pas aussi assuré de son sexe, fût-ce mentalement, qu'on le croit. Puis les mères des transsexuels ne sont pas forcément toutes des modèles de sophistication féminine, ce serait plutôt l'inverse. Ensuite il faut considérer la relation symbiotique mère-enfant comme une apparence, derrière la relation de *possession* phallique qui elle n'est pas contestable (mais qu'il ne faut pas confondre avec la *séduction* mise en oeuvre par la mère, à l'égard de l'enfant, dans la relation perverse), mais qui implique un rapport initial à l'Autre et donc au manque. Qu'en est-il de la féminité effective du transsexuel adulte ? Rien de naturel, d'originel, ou même d'original : il ne cesse de la réduire à une mascarade où le but n'est pas tant de devenir « une » femme que de faire apparaître « la » femme, idéalisée, tragiquement stéréotypée. Une image pure, un être sans sexe relevant d'une position qu'on peut qualifier d'angélique. Seulement, ce beau rêve se conçoit davantage sous les auspices de la psychose que sous ceux de la névrose, ou même de la perversion. Ces deux dernières structures autorisent un monnayage imaginaire (particulièrement nourri, dans le cas de la névrose) de la fonction phallique, alors que le transsexuel reste captif du réel de son anatomie sexuelle qu'il confond manifestement avec le signifiant phallique, comme il confond castration avec opération chirurgicale. Cela dit, si le transsexualisme peut passer pour une situation médiane entre psychose et perversion, c'est parce que le signifiant de « La femme » fonctionne pour ce sujet comme le

Nom-du-père (C. Millot, 1983), lequel fait radicalement défaut au psychotique comme on le sait. Cette identification phallique de fortune, renforçant sans aucun doute l'imaginaire par du symbolique, laisse cependant erratique le réel sexuel du sujet, un réel dont l'obsession évite rarement de tourner au délire, au suicide, ou à l'accident chirurgical (d'autant plus que, dans la pratique, les « opérations » réussies ou non ne changent en rien la tragique insatisfaction de ces sujets). Reste à voir si le transsexualisme féminin obéit ou non exactement à la même logique. Principale différence : alors que pour le transsexuel masculin, les relations sexuelles sont plutôt vécues comme avilissantes, dégradantes par rapport à la pureté qu'ils recherchent, les transsexuelles femmes connaissent une activité amoureuse et libidinale assez soutenue, comparable à celle de leur consoeurs homosexuelles. Au point qu'il est parfois difficile de distinguer les deux comportements, ou d'y reconnaître deux éléments structurels séparés. Dénominateur commun : tous les transsexuels, hommes ou femmes, s'identifient au phallus afin d'incarner l'entre-deux de la différence sexuelle (ce qui est impossible et illogique), et non, comme chez le pervers, afin de boucher le manque dans l'Autre (ce qui est illusoire et utopique). De ce fait, homme et femme sont tous deux « hors-sexe » : l'un à vouloir incarner « La » femme, l'autre à prétendre être « Un » homme. S'il y a bien deux sexes, et s'il n'y a pas proprement d'égalité des sexes, on ne voit pas non plus pourquoi les identifications transsexuelles masculines et féminines devraient être égales et symétriques. Elles ne le sont nullement. L'homme transformé reste dans le domaine de l'*être*, et paye pour cela le lourd tribut de l'émasculation réelle (non qu'elle soit dramatique fonctionnellement, mais plutôt parce qu'elle remplace à tout jamais l'éventualité d'une castration symbolique). La femme transformée se contente d'en rajouter toujours un peu plus, de collecter, dans l'ordre de l'*avoir*, les attributs virils (mais de là à en *avoir* un qui fasse illusion au point d'en arriver à se dire : « ça y est, j'en *suis* ! »...), ce qui la rapproche indéniablement de l'homosexuelle classique, moins revendicative de ce point de vue. Plus globalement encore, il faudrait interroger et remettre en cause sérieusement la symétrie supposée des hommes et des femmes en matière de perversion. Il ne suffit pas de reconnaître que « les hommes » sont davantage et plus souvent pervers que les femmes, il faut se demander si l'appellation de « structure perverse » s'applique réellement aux femmes, même si des éléments ou des traits pervers peuvent apparaître très important, précisément *dès lors que la femme adopte une identification masculine*, et comme cela culmine dans l'homosexualité et le transsexualisme. Il est possible néanmoins de rétablir une symétrie, une véritable identité entre les différentes composantes de l'identification perverse, homosexuelle, transsexuelle, masculine ou féminine. Elle consiste à placer d'un côté (du même côté) la dialectique phallique de l'être et de l'avoir avec les différents types de déni qu'elle engendre, et de l'Autre le principe même de l'identification en tant que jouissance. En l'occurrence, jouissance de ces identités multiples forcément perverses, et surtout secondaires au regard de l'identité *sexuée* réelle (sans-sexe et sans-identification).

Jouissance

Ce qu'on appelle la jouissance sexuelle est marqué, dominé par l'impossibilité d'établir comme tel, nulle part dans l'énonçable, ce seul Un qui nous intéresse, l'Un de la relation rapport sexuel. (Jacques Lacan)

La problématique lacanienne de la jouissance part d'un dualisme entre deux sortes de jouissance : la jouissance phallique et la jouissance de l'Autre. Ce qui est une façon de nier la possibilité d'une jouissance du corps comme tel, du corps de l'Autre. Assurer la jouissance de l'Autre, telle serait pourtant la visée du pervers, démentant le primat de la jouissance phallique essentiellement symbolique. « Jouissance phallique » pointe l'Autre en tant que trésor du signifiant et cependant incomplet, troué : cette totalité ne tient qu'à manquer d'Un, d'un signifiant qui s'avère, rapporté au sexe, celui de la jouissance féminine. Ce signifiant fait défaut, et c'est ce fait réel – le pas-tout signifiant - qu'exprime le symbole phallique (il y a aussi une version imaginaire ou effective du phallus, comme partie manquante de l'image désirée, et une version objectale ou réelle, l'objet 'a'). La jouissance phallique est la jouissance sexuelle au sens où celle-ci, via le fantasme, se soutient d'une partition symbolique du corps. C'est en cela qu'il tient le coup, qu'il fait Un, mais point d'Un au niveau du « rapport » sexuel de l'homme et de la femme. C'est pourquoi Lacan dit que la fonction phallique supplée au rapport sexuel, tout en nommant indéniablement, pour le sujet, son manque à être ou son manque à jouir. La castration est le sacrifice consenti par le sujet du manque dans l'Autre. Ce que, on l'a dit, dément le pervers. Celui-ci croit en un sujet de la jouissance sexuelle, qui est l'Autre dans sa complétude. La jouissance perverse, déniant la fonction symbolique (on verra pourtant tout ce qu'elle lui doit), résout à sa manière l'énigme de la jouissance féminine, jouissance laissée en suspens et « supposée » par la jouissance phallique. Car la femme n'est pas-toute dans la jouissance phallique, cette jouissance du Tout, et c'est pourquoi elle n'est pas-toute. Car ce qui n'est pas du tout, d'abord, c'est la jouissance de l'Autre en tant que corps global, pur être corporel a-signifiant livré à la vie. Le corps humain est livré au signifiant, avec lui et par lui : c'est en cela qu'il est joui, dans le plaisir ou la souffrance (cf. le symptôme). Jouissance des sens qui, chez le parlêtre, est toujours en même temps « jouis'sens ». La jouissance de l'Autre est donc mythique : elle peut être la jouissance fantasmée et horrifique de la Mère (génitif subjectif), ou bien celle du père primitif de la horde qui, selon Freud, *aurait* possédé toutes les femmes. Mais il en est une autre, une « autre jouissance » qui ne se réduit pas à la jouissance de l'Autre, parce qu'elle supplée à la fois à la radicale impossibilité de celle-ci et à la partialité de la jouissance phallique. L'autre jouissance ne serait pas sexuelle, bien qu'elle appartiendrait en propre, pourrait-on dire, à l'autre sexe : le sexe féminin, soit la « place » occupée généralement par « les femmes ». Jouissance du corps, en-corps, infinie, qui ne serait pas liée à la jouissance de la parole et dont on ne pourrait rien dire (sauf à dire qu'on l'éprouve, ou qu'elle ek-siste, comme dans les écrits des mystiques), non complémentaire mais supplémentaire. Celle-ci n'est pas supposée imaginairement mais déduite logiquement. Car si tout parlêtre s'inscrit dans la fonction phallique, il en est un qui n'y est pas-tout inscrit. C'est au niveau de cette autre jouissance que le pervers échoue, à vouloir la rabattre sur la jouissance de l'Autre, imaginarisée comme sexuelle (donc phallique, en fait). Il veut alors extorquer aux femmes, à La femme, la jouissance absolue, indicible, hors castration, du corps réel. Ce corps, il ne peut que le laisser pour mort, immobile : c'est en cela seulement qu'il est médusé, *motus*. Qu'il soit masochiste, sadique, voyeuriste ou autre, le pervers est bien l'agent d'une réification qui tire ses effets d'un rituel symbolique, se voulant purificateur, extrayant du corps jusqu'au nerf de la parole. Ce n'est pas qu'il veuille réduire, comme on le dit, l'Autre au rang d'objet : c'est lui, l'objet. Si le sadique, par exemple, tue sa victime, cela revient pour lui à casser son jouet (même s'il y a aussi, indéniablement, une jouissance perverse au meurtre et à la tuerie). Ce qu'il veut provoquer plutôt, c'est l'angoisse de l'Autre, ou plus profondément la division de l'Autre *par sa jouissance* : c'est en cela, disions-nous, qu'il échoue, puisque cette division s'effectue évidemment par le signifiant. D'une manière générale la perversion ne correspond nullement à un débordement incontrôlé, mais au contraire à une limitation réglée de la jouissance, à une défense contre la jouissance absolue de l'Autre que l'on rencontre dans la psychose. Le pervers impose à sa jouissance la médiation symbolique du fétiche. L'érection du fétiche (on parle de ce fétiche transclinique qui est un élément de structure fondamental des perversions) s'accompagne de la transgression et donc de la reconnaissance d'une limite légale concernant l'accès à la jouissance. La perversion constitue une défense contre l'envahissement du réel dans le psychisme, dans la mesure où le fétiche est d'abord ce signifiant phallique qui à la fois indique et voile la castration féminine. Par là, le sujet pervers se constitue d'une division qui borne son rapport à la réalité sexuelle, mais aussi qui l'empêche de jouir réellement, physiquement ; de quoi ? De cette limite et de cette division, précisément, car il est clair que la jouissance en tant que sexuelle est phallique, auto-limitée par le signifiant. Mais d'un autre côté (cet Autre où lorgne la psychanalyse) la jouissance peut être entière, et même totale, à jouer/jouir de la perversion comme ratage caractérisé et même comme prototype comique du ratage sexuel. Mais la jouissance comme Autre est une fétichisation distante de la structure perverse et de ses fétiches, lesquels lui servent ensemble de support et d'occasion.

Loi

Le pervers est un fanatique de la « vraie » loi. (Daniel Sibony)

Il est vrai que le pervers dément et conteste la loi, qui est toujours la loi de l'Autre, et qu'il passe son temps à la piétiner ; cependant c'est au prix de se poser lui-même en législateur absolu, inventeur d'une Loi vraie, réelle, et définitive. Le pervers est un maniaque de la loi et de l'origine, donc de la loi originelle, celle qui confond en un seul principe l'Autre et le Même. Ce rapport absolutiste à la loi est d'autant plus fondamental que nulle perversion n'a de sens, ou d'existence, en dehors d'une relation (dé)réglée à l'Autre ; au sens strict, seule une loi peut être pervertie. On en déduira que « le » pervers, en tant qu'individu un, n'existe pas ; quant au « sujet », il y aurait nécessité d'y voir enfin un effet de langage entre au moins deux individus, une sorte de virgule flottant toujours entre-deux termes. Mais le pervers a ceci de particulier qu'il veut faire Un avec l'Autre ; c'est pourquoi il rétrocède au point limite où se confondent la Loi et la faute qui en est l'origine, de telle sorte que la Loi ne fasse plus faute. La loi humaine est toujours perçue comme ridiculement relative et empirique, pour le pervers, qui en est depuis toujours révulsé, traumatisé. Le pervers est celui qui a décidé de traumatiser cette loi humaine, pour sauver la vraie Loi. La loi menteuse doit être démentie. Il faut en effet sauver la Loi pour se préserver du manque de l'Autre. Pour cela il faut réduire l'Autre à la Loi, ce qui revient toujours à le réduire à Soi (comme le masochiste qui ravit toute initiative, toute autonomie à son bourreau en lui intimant de le punir, et qui en fait tout autant qu'un maître un esclave soumis à sa propre passion). Le lien pervers, la Loi en elle-même consiste à réduire l'Autre dans la conflagration d'une jouissance elle-même confinée à une mise en scène, un fantasme, rabattue sur un fétiche monté sur le corps de l'Autre (maternel), et finalement jouissant à sa place. C'est le fétiche qui jouit dans l'affaire, d'être la source même de la Loi ; c'est le soulier qui reçoit le sperme. En réalité le pervers confond la loi et le maître, dans le fétiche lui-même : par exemple le toxico fait fonctionner un produit comme fétiche, et celui-ci représente à la fois le seul maître et la seule loi auxquelles il se soumet volontairement (même s'il en souffre, et s'il veut parfois en sortir). Relation strictement duelle, aliénante entre le sujet et son montage, dont il ne pourra s'affranchir qu'en desserrant d'une façon ou d'une autre (l'analyse en est une) l'étau de cette loi. La solution est cependant dans une relation unilatérale de *jouissance* avec la loi. Il faut éviter que le fétiche faisant la loi confisque la jouissance, et pour cela empêcher toute identification à la loi. Admettre donc l'hypothèse d'un ego « légalisé », déjà-marqué par la loi, puis identifier radicalement la jouissance et la loi (non leur mixte unitaire ou fantasmatique) pour jouir librement des fantasmes de lois jouisseuses ou de jouissances interdites.

Mal

Le mal est dans le réel, comme la liberté, comme l'existence...
(Jean-Luc Nancy)

Le concept psychanalytique de perversion fait fond sur des notions philosophiques évidemment plus générales, comme la perversité ou tout simplement le Mal. J.-L. Nancy propose une tripartition sémantique commode, à propos du Mal, où la perversion se laisse cerner sous le troisième aspect. Il s'agit de distinguer le malheur, la maladie et le mal proprement dit ; ces trois termes pouvant être pris aussi bien en synchronie qu'en diachronie. Ainsi, le monde antique perçoit le mal sous la forme du malheur, c'est-à-dire une malédiction imputable à quelque grand Autre cruel ou vengeur : pour autant on ne saurait qualifier la volonté divine de perverse. Ni la culpabilité des dieux ni celle des hommes ne se trouvent véritablement engagées. Le monde moderne cherche au contraire à justifier en rationalisant, il juge le mal en fonction d'une normalité simplement déviée, rompue, objectivement ou même subjectivement, mais toujours réparable. Au fond, il n'y a pas vraiment de mal : Leibniz le biffe au nom de la logique et de la raison, Hegel l'intègre dans l'Histoire. Or l'époque contemporaine a pris conscience – peut-être parce qu'elle l'a rencontré - d'un mal absolument mauvais, un mal causé par l'homme et identifiable dans le réel. Kant le premier l'a nommé « mal radical », parce qu'il prend racine dans la liberté et dans la volonté humaine, malgré la loi. C'est la possibilité, en l'homme, de nier l'humain, la capacité intellectuelle et volontaire, consciente, d'éradiquer la conscience et toute forme de sens. Marx analyse et dénonce également un mal qui ne se réduit ni au malheur ni à la maladie, car il l'identifie clairement comme exploitation de l'homme par l'homme : c'est un fait historique, politique, qui réclame une solution elle-même active et politique. L'époque contemporaine se caractérise par l'expérience d'un mal largement incompréhensible, injustifiable, bien qu'il nous apparaisse clairement comme une émanation de la liberté humaine. Comme si à la fois privé du fatalisme et du déterminisme, nous nous trouvions devant l'énigme de notre propre méchanceté, notre tendance à l'autodestruction. Les camps, l'exploitation, la technique ne sont que des aspects majeurs d'un déchaînement immanent à la liberté elle-même, qui prend la forme paradoxale d'une nécessité ou d'une puissance échappant à tout contrôle. Le sujet civilisation est dorénavant capable de s'infliger à lui-même ce que seuls les dieux, autrefois, pouvaient envoyer aux humains : des fléaux innommables, des pandémies assassines, des ravages écologiques et météorologiques, etc. Le mal, ce n'est pas à proprement parler le fléau lui-même, mais la destruction du sens (parfois sous la forme de réactions absolutistes, réactionnaires) qu'il entraîne. Cette fois on peut parler de perversion, car c'est en connaissance de cause que l'homme, s'auto-divinisant, agit contre lui-même. Il s'agit donc, pour commencer, de nommer cette perversion, cette paternité humaine et exclusive du mal. J.-L. Nancy en appelle à une ontologie du sujet qui exposerait les conditions d'une existence singulière, délivrée du mythe de l'appropriation de soi dans lequel il situe la récurrence du mal, c'est-à-dire l'écrasement du sens. Le sujet existant-singulier est perpétuellement en dette de lui-même, en dette de l'exister, grâce quoi il laisse également exister l'autre. Il n'y a d'issue que dans la reconnaissance du mal comme immanent à la liberté et à l'existence, lorsqu'elles s'écrasent sur elles-mêmes, dans la représentation (d'elles-mêmes), dans la dénégation du réel de la différence. Cependant on constate que le philosophe, au nom de la quête ou de la préservation du sens, ramène la perversion à la perversité et s'en tient à une définition encore morale, kantienne, du mal. Or celle-ci n'est crédible et acceptable qu'à pointer vers le mal *physique*, où se situe le manque de sens et la disparition réelle du sujet. Il est mal de faire mal : tout autre précepte s'avère inutile et dangereux. Pareille attitude, certes scandaleuse pour une philosophie s'acharnant à culpabiliser la pensée, permet justement de se jouer des mauvaises pensées en les irréalisant.

Masochisme

Le masochisme primordial est à situer autour de cette première négativation, de ce meurtre originaire de la chose. (Jacques Lacan)

La structure masochiste de tout fantasme fondamental se déduit de la théorie freudienne du masochisme originaire, en tant que phénomène contemporain du refoulement originaire et de la fondation de l'inconscient du sujet. Il indique précisément un reste par rapport au refoulement et une fêlure dans la constitution du savoir inconscient, lorsque virtuellement la répétition pure se substitue à l'articulation signifiante et devient pulsion de mort. C'est dans « Pulsions et destins des pulsions », en 1915, que Freud révolutionne sa manière de penser l'opposition entre sadisme et masochisme, non plus comme deux actions séparées et complémentaires, mais comme la mutation elle-même de l'actif au passif dans le cadre du circuit pulsionnel. Au départ, la pulsion s'assimile à un pouvoir et à un désir sadique de captation, de maîtrise des objets : manger c'est détruire, attraper c'est casser. Le narcissisme intervient dans ce processus en relayant la simple satisfaction auto-érotique de la pulsion partielle, sans faire encore de ce sadisme primitif un mode de jouissance, mais en constituant et mémorisant la source organique de la pulsion dans la région musculaire concernée. La source constitue aussi bien le point de retour de la pulsion sur le corps propre, passant maintenant à la voie passive, ce qui implique l'abandon de l'objet, son ébauche de symbolisation et donc la première apparition du « sujet » en lieu et place de l'objet absent. Identiquement, on ne peut pas parler encore de satisfaction masochiste, tant que du champ de l'Autre n'émerge pas un sujet qui, maintenant identifié à l'objet perdu, puisse jouir de moi et m'imposer sa volonté. Logiquement et chronologiquement, la jouissance apparaît donc avec le masochisme, à partir du moment où la douleur ou même la simple passivité prennent valeur pour le sujet de stimulation sexuelle.

Quant à la jouissance sadique proprement dite, elle reste secondaire et suppose une identification masochiste préalable, plus fondamentale, se contentant d'effectuer un changement de rôle (maintenant actif) mais non un changement de place (celle de l'objet). Ce n'est qu'en 1920 que Freud éclaircit le principe de la jouissance masochiste, ou de la jouissance comme masochisme « au-delà du principe de plaisir ». Le battement plaisir/déplaisir, au niveau du moi, est en effet contredit par la compulsion de répétition au niveau du Ça, qui transforme un déplaisir pour le moi en satisfaction pulsionnelle. La satisfaction de la pulsion étant proprement la « jouissance », et la tendance exclusive et répétitive vers une satisfaction première se signalant comme « pulsion de mort ». Par la régression et la passivité qu'elle organise, par sa rencontre avec Eros qu'elle contredit tout en l'utilisant (un déplaisir est vécu comme plaisir, une souffrance comme jouissance), celle-ci mérite bien l'appellation de « masochisme primaire » (le masochisme « secondaire » s'appliquant à l'identification structurelle par laquelle un sujet adopte un tel mode de jouissance de façon constante, dans son parcours sexuel). Bref, le sadisme primaire n'est plus premier, si l'on peut dire, et le masochisme n'est plus considéré comme un retour sur soi de la pulsion sadique. Freud montre au contraire le caractère intrinsèque de ce retour, antérieur à toute extériorisation vers l'objet, et explique l'agressivité (et par extension le sadisme) par la nécessité, pour le sujet, de se défendre contre la tendance auto-agressive de la pulsion, en tant qu'originairement pulsion de mort. Du reste l'agressivité elle-même s'applique d'abord à soi, au même comme autre, puis à l'autre comme tel, à partir de ce dédoublement imaginaire qu'on appelle narcissisme.

L'existence et l'insistance d'un masochisme originaire tend à prouver qu'une partie résiduelle résiste toujours à l'extériorisation, à la relation d'objet ; comment ne pas y voir l'incidence du signifiant sur l'organisme, provoquant la scission de la jouissance et du corps, où s'immisce un sujet ? Le masochisme primaire, exprimant l'effet du langage sur le corps, serait directement corrélatif à l'existence du sujet en tant que représentant d'une perte réelle. C'est pourquoi le fantasme masochiste le plus universel reste celui de l'enfant battu, recevant de l'Autre la marque indélébile (au sens propre : les liens entre pathologie dermatologique et masochisme en témoignent !) du signifiant « unaire », auquel le sujet masochiste voue par la suite un culte interminable tandis qu'il se voue lui-même à incarner l'objet perdu, identifiant son être au déchet de l'opération signifiante et se présentant comme tel devant l'Autre, vermisseau tout entier dévolu à sa suprême jouissance. Outre que toute structure inconsciente témoigne nécessairement d'un tel marquage, tendant à prouver que tout fantasme est masochiste par essence, la position précédemment décrite se retrouve dans les trois formes de masochisme secondaire repérées par Freud. Le masochisme dit « féminin », alors qu'il traduit le fantasme bien masculin de la femme soumise et jouissant de l'être, ce qui – dans les termes de Lacan - constitue une solution facile (et imaginaire) à la question de l'Autre jouissance, soit la jouissance féminine. Le masochisme « pervers » (mais le premier l'est tout autant) se constitue par la volonté de masquer la castration de l'Autre, en provoquant (par tous les moyens, y compris les moins indiqués) sa jouissance. Notons que si le sujet pervers s'identifie à l'objet perdu (ici imaginairement retrouvé et conservé), c'est dans d'Autre qu'il trouvera l'objet 'a', spécifiquement dans la voix impérieuse du maître qui fait jouir et jouit de faire jouir. Cela éclaire la troisième forme de masochisme, le masochisme « moral » qui, dans la névrose obsessionnelle notamment, assimile le devoir avec une voix intérieure se faisant l'écho d'un surmoi sadique : le sujet se trouve littéralement corseté, armaturé de règles et de contraintes, stoppé net dans la mise en acte de son désir. Alors que l'hystérique fait rempart de la perversion masochiste au moyen du symptôme de conversion, dont l'aspect de jouissance maligne rappelle qu'il se structure sur le masochisme originaire (chez l'homme, c'est souvent l'impuissance qui signale l'attachement du sujet à un masochisme indélébile, par-delà les traits pervers qu'il peut également développer). Précisons enfin qu'on ne saurait confondre le scénario pervers, construction imaginaire par laquelle le sujet vise son identification à l'objet et se protège par-là même des risques mortels liés à ses pratiques, avec les formes réelles d'auto-mutilation qu'on rencontre dans les psychoses et qui témoignent plutôt, en tant que passages à l'acte, d'une perte de repères signifiants et tels liés à ses pratiques, avec les formes réelles d'auto-mutilation qu'on rencontre dans les psychoses et qui témoignent plutôt, en tant que passages à l'acte, d'une perte de repères signifiants et d'une identification sans limite au grand Autre jouissant. Sinon, la conséquence sexuelle la plus courante du masochisme fondamental à l'œuvre dans les psychoses, est une forme de passivité doublée d'une impuissance quasi-absolue.

Autrement dit le trait masochiste, en dehors du cadre de l'identification perverse, structurelle, est reversé au registre d'un pathologique plus ou moins sévère, de la voie du symptôme ou du harcèlement moral dans la névrose à la solution du passage à l'acte psychotique. Est-ce surprenant dès lors que le masochisme primaire lui-même, loin d'être réellement *premier*, apparaît comme le corrélat de la subjectivation et de la symbolisation ? C'est parce que le sujet parlant se constitue originairement contre lui-même, se divise d'avec lui-même selon un mode autopositionnel négatif, qu'il peut être qualifié de masochiste « primaire ». La jouissance est passive par rapport au désir, censément actif, dans la mesure où – conséquence du passage par la demande articulée et l'effet négativisant du langage, soit la pulsion de mort – elle en revient toujours mécaniquement à une première satisfaction. Nous voici avec un sujet directement sous l'emprise de l'Autre, incapable – mais c'est l'incapacité de la théorie elle-même – de transformer sa jouissance foncièrement passive et masochiste en jouissance de ce masochisme et de cette passivité. Du point de vue d'un masochisme non-pervers ou d'une perversion non-masochiste, maintenant, on dira que les lieux-sources de la pulsion sont réellement *jouis* ou éprouvés *pour* donner lieu à une dialectique de l'aliénation et du fantasme, ici qualifiée de masochiste. Mais le masochisme est radicalement secondaire, dorénavant, par rapport à la jouissance ; il n'y a plus corrélation comme dans la théorie analytique. Sur la base réelle du trait incarné, joui en tant qu'Un, le corps « maso » peut devenir le sujet d'une jouissance Autre, passible *entre autres choses* de douleurs et de souffrances.

Mélancolie

Quelle que soit la façon dont on envisage cette division, la question posée par la mélancolie est celle de savoir comment le moi du sujet peut se trouver amené en position d'objet. (Serge André)

On aurait tort de ne voir dans la mélancolie qu'une forme de « manque », une passivité de l'âme et une tendance chronique à la « dépression ». Ce dernier terme, en particulier, occulte le caractère passionnel et virulent d'une attitude qui consiste à s'accuser soi-même de tous les péchés, de toutes les indignités, et à se représenter comme l'être le plus immonde qui soit. Autrement dit, comme le remarque finement Serge André, le sujet mélancolique ne se contente pas de se « plaindre », il « porte plainte » littéralement contre ce qu'il est devenu lui-même, objet-déchet livré à la jouissance de l'Autre, et contre tous les semblants qui gouvernent le monde. Cette identification au statut d'objet et la jouissance qui s'y attache, permet de relier de façon pertinente la mélancolie avec la structure perverse, la première apparaissant comme un trait privilégié de la seconde (même si on la rencontre également dans les principales névroses et certaines psychoses). Généralement la mélancolie alterne avec des épisodes maniaques où, cette fois, l'objet se trouve expulsé au-dehors et violemment dénoncé. Le motif déclenchant de la mélancolie étant souvent la perte d'un objet d'amour, on pourrait en parler comme d'un travail du deuil inversé, qui salirait l'objet au lieu de le magnifier symboliquement, et qui rapporterait une étrange satisfaction au sujet. Il semblerait que l'objet perdu se confonde avec une partie du sujet lui-même. Plus exactement, le sujet semble avoir perdu toutes les illusions composant ordinairement l'idéal du moi ; le moi subit une désidéalisation qui le laisse choir au rang d'objet pulsionnel brut, tel que l'excrément. L'objet n'est plus recouvert du voile pudique et valorisant du phallus, ce signifiant non linguistique qui produit tous les effets de signifié. Dans la psychose, on assiste à une carence des effets de signifié due à la forclusion du Nom-du-Père, qui représente le phallus dans le langage ; dans la perversion à symptôme mélancolique, il semblerait que quelque chose soit réellement transmis, dans le discours de la mère, à propos de la signification phallique : précisément sa dimension de leurre, de tromperie, d'imposture radicale. La mère se déclarant non-dupe de la comédie phallique, n'étant pas prête à se laisser leurrer, c'est le fils qui se retrouve à errer en s'identifiant à l'objet lui-même déphallicisé, misérable, englobant dans son obscénité le monde tout entier. C'est la différence avec le psychotique qui honore directement quelque grand Autre, dont il *est* l'objet phallique. L'attitude mélancolique du pervers relève davantage de la mauvaise foi, dans le sens où son moi reste apparemment son principal souci, sa principale référence. Un moi cependant trop décrié, trop insulté pour être honnête, car il s'agit quand même bien de servir un grand Autre. En concentrant sur lui toute l'horreur du monde, le sujet veut préserver l'Autre ; il ne veut rien savoir de la castration maternelle, il veut la faire oublier. Si c'est lui, le déchet, ce n'est donc pas l'Autre. Le pervers n'est pas dans le registre du délire, encore moins de l'hallucination, mais dans celui de la tromperie ; il a besoin de tromper et surtout d'être trompé, même s'il passe son temps, comme dans le cas du mélancolique, à dénoncer la tromperie généralisée. Il reste que la dénonciation mélancolique peut-être rehaussée si elle porte, non plus simplement sur le moi en position d'objet déchet, mais sur la trompeuse relation qu'il entretient avec l'Autre ; autrement dit sur le semblant de cette relation elle-même. Une façon plus radicale d'être non-dupe de cette comédie phallique en général que représente l'univers faussement nécessaire de la relation. Le monde n'est pas cette tromperie généralisée que dénonce le mélancolique dans son désir narcissique d'être trompé ou rejeté (par l'Autre) ; pourtant il exhibe occasionnellement cet «être-trompé» individual et indubitable comme condition réelle de toute tromperie.

Mort

Tout se passe comme si, dans la mythologie de l'homosexuel, la mort et l'autodestruction figuraient l'apologie du désir. (Serge André)

L'acte pervers se meut dans le domaine du semblant et de la mise en scène, et se distingue par l'évitement systématique de la vérité. On dirait que l'approche de la castration nécessite une série de cérémoniaux précis, de rituels célébrant la puissance mortifère et autodestructrice du désir. C'est particulièrement vrai de certains homosexuels pervers, désireux d'incarner une virilité idéale et parfaite, mais vouant le sujet à une irrémédiable abjection quand ce n'est pas à la disparition pure et simple. Que l'on songe au suicide de Mishima qui, dans un comble de mise en scène et de théâtralité, réalise l'aboutissement logique d'un long processus tendant à réduire le sujet à un objet inerte, un objet cadavre. Cette mort, sacrifice suprême dédié au grand Autre (figuré par l'empereur, dans le contexte), se veut la réalisation du désir absolu de celui-ci, et doit pour cela revêtir un masque phallique irréprochable, c'est-à-dire que sa seule justification réside dans sa perfection et sa beauté formelle. Au-delà de la simple provocation, le suicide doit être *réussi* ; c'est par ce paradoxe que le sujet affirme sa virilité en se vouant à la gloire du grand Autre. Les motifs symbolisant le phallus sont ici le sabre, réellement planté dans les entrailles de l'homme se faisant hara-kiri, et enfin sa tête décapitée. Avec Serge André (*L'Imposture perverse*) on ne peut s'empêcher de faire un rapprochement avec l'œuvre de Jean Genet, *Le Condamné à Mort*, texte qui fait équivaloir la condamnation capitale par la guillotine à l'assomption de la virilité chez le héros. Dans l'attente de son exécution, celui-ci devient une sorte d'objet sacré, de repère absolu, à l'écart dans sa cellule. Il y a quand même une grande différence entre les deux écrivains, et ces deux manières de célébrer une virilité autonome et narcissique, loin du regard de toute féminité : chez Mishima, l'*écrivain* (pour des raisons stylistiques à déterminer) n'est point parvenu à métaphoriser le fantasme sacrificiel et le processus d'abjection, qui devaient donc conduire le *samouraï* (ou sa parodie) à l'incarner et le réaliser sur sa propre chair ; tandis que Genet est parvenu à faire de l'écriture une prison comparable à celle d'un condamné à mort, et a pu ainsi éviter le meurtre (selon son propre aveu), sur lui-même ou sur d'autres. Par son caractère ascétique et solitaire, l'écriture semble le dernier refuge d'une virilité aux abois, relayée ensuite par le théâtre comme métaphore d'un semblant encore plus universel. Néanmoins, qu'il s'affiche dans la réalité ou dans la fiction, le fantasme de l'homosexuel pervers reste identique et induit la même stratégie existentielle : il s'agit de combiner une déchéance constituant la part réelle de jouissance de ces sujets avec la quête d'une virilité idéale leur donnant un semblant d'identité. Autant dire concilier « être le phallus » et « avoir le phallus ». On ne s'étonnera pas que le corps tout entier se trouve phallicisé, par exemple à travers le culte d'une musculature fantastique, ou bien qu'il soit le théâtre d'opérations sadomasochistes jouant sur le registre de l'imaginaire (et parfois du réel) une castration impossible à établir dans le symbolique. Ecrivain ou pas, tout pervers homosexuel joue sa virilité en jouant, d'une manière ou d'une autre, avec la mort. Mais, que cela soit bien clair, on ne jouit pas de la mort. C'est plutôt celle-ci qui, en principe, passe pour la grande faucheuse et la grande jouisseuse dans la conscience commune ; un état de fait que seule la littérature parvient à rehausser en se faisant elle-même jouissance, mise à mort des codes socio-linguistiques. L'écrivain n'œuvre pas directement à sa propre mort, comme le prouve a contrario l'exemple de Mishima. On dira plutôt qu'il *fait le mort* dans sa posture d'écrivain. N'étant pas de ce monde, il est le cadavre exquis et réjoui qu'heureusement n'engendre pas l'écriture, mais qui sert de cause réelle à celle-ci en tant que jouissance et mortification.

Névrose

Pour revenir au fantasme, disons que le pervers s'imagine être l'Autre pour assurer sa jouissance, et que c'est ce que révèle le névrosé en s'imaginant être un pervers : lui pour s'assurer de l'Autre. (Jacques Lacan)

L'homosexualité apparaît comme la manifestation perverse la plus répandue dans les névroses, sans qu'elle soit spécialement vécue comme un symptôme ou une souffrance. Cela prouve que l'opposition entre ces deux structures n'est pas simplement celle du manifeste et du latent, du réel et du symbolique, donc d'une homosexualité « heureuse » et déclarée dans la perversion et d'une homosexualité honteuse et refoulée dans la névrose. Au sein de celle-ci, nous pouvons cependant distinguer un concept d'homosexualité qui s'attache à la signification des symptômes, d'un autre qui s'applique aux actes et aux pratiques effectivement homosexuelles. Dans ce réel, le névrosé recherche essentiellement un bénéfice imaginaire : à travers ses fantasmes, réalisés ou non dans l'homosexualité, il s'assure de l'existence d'un Autre dont le désir ne lui ferait pas énigme et ne serait pas cause d'angoisse. *Comme* un pervers, il œuvre pour la jouissance de l'Autre, de peur d'affronter son désir c'est-à-dire sa castration. Certains traits fétichistes peuvent servir d'appoint à cette dérobade, d'autant que dans l'homosexualité le pénis prend à l'évidence une valeur de fétiche. Il faut maintenant distinguer hystérie et obsession. Concernant l'obsessionnel, c'est parce que la jouissance de la femme doit être simulée à défaut d'être interrogée, que le sujet adopte une position féminine et que la forme homosexuelle perverse doit tout spécialement être privilégiée. Cela n'empêche pas qu'il soit structurellement identifié au père imaginaire, comme tout névrosé, et que la structure de son désir névrotique situe ce Père comme grand Autre de la demande, demande visée au lieu de l'objet (désirer la demande de l'Autre, pour y répondre, étant le meilleur moyen de rejeter sa castration).

L'hystérique questionne davantage le désir de l'Autre femme, c'est pourquoi elle peut adopter une position homosexuelle (cf. Dora avec Mme K.) et fixer son idéal féminin sur une image agalmatique précise. En cela, elle ne fait que mimer le désir masculin, auquel elle s'identifie, à seule fin de soutenir le désir du père, comme chez toute hystérique. Il en résulte une croyance en La femme, effectivement analogue à celle du pervers authentique. Dans tous les cas l'identification se porte structurellement sur un père trop aimé, à défaut de reconnaître et relayer son désir en tant que castré. Relevons ce préjugé selon lequel le choix d'objet sexuel (homo- ou non) relève en général d'une identification et d'une position subjective dont le préalable reste une relation originelle à l'Autre, dualité non critiquée en tant que telle. Partant de l'hypothèse inverse, celle d'une altérité radicale du sujet comme *identique* à l'Autre, le choix de la névrose tout comme le choix homosexuel ne sont que des modalités singulières d'une jouissance de la *relation* elle-même, jouissance ludique du « relationnel » dans toutes ses dimensions cliniques possibles (ici la prévention contre la castration de l'Autre).

Nocivité

Toute œuvre est par elle-même nocive. (Jacques Lacan)

Que voulait dire Lacan en affirmant ceci ? Sans doute s'agissait-il surtout d'accorder à une praxis la dignité d'un style, de montrer que si l'éthique de la psychanalyse consiste à «ne pas céder sur son désir», elle rejoint la création artistique sur le fait de ne pas céder à la jouissance de la Chose, tout en la provoquant dangereusement. La notion de «nocivité», pour négative qu'elle paraisse, évite le leurre des visées utilitaristes (où la demande émane de l'Autre social exclusivement) en articulant fermement l'Autre, le Sujet et la Chose. La Chose est l'objet originel du désir, le signifiant même de la jouissance (sauf qu'il est creux, comme la Chose matériellement est vide). Il vient en excès sur l'objet-cause proprement dit. Par exemple, pour l'amateur d'Opéra subjugué par la voix de la Diva, la Chose sera représentée par le point limite où la voix, au plus sublime du chant, *pourrait* céder, casser ou trébucher dans un paroxysme d'émotion. Le « plus-de-jouir » que produit pareille effraction dans le système de la représentation n'est que le pendant d'une version ou d'une modalité plus essentielle de la Chose : la perte de jouissance, imposée à qui parle, du fait de la résistance inéluctable d'une partie du vivant à la symbolisation, provoquant cette réserve libidinale qu'est la « Chose ». La Chose prend donc subjectivement le statut d'un «intérieur exclu». Alors que se passe-t-il dans la création et dans la sublimation en général ? La sublimation, est-il dit, élève l'objet à la dignité de la Chose. Le terme de «dignité» révèle bien qu'il s'agit d'un leurre, d'une qualité et non d'une réalité : en effet l'objet (la beauté du chant ou du tableau) reste à jamais un substitut de l'inaccessible Chose. Où est donc la «nocivité» du procédé ? Dans le fait que toute création produit néanmoins un vide, une fêlure conjoncturelle branchée sur la division originelle du sujet. A la différence du fantasme, qui joue la place du corps propre dans l'imaginaire en tant qu'objet de jouissance de l'Autre, la sublimation fait représenter cette jouissance par des objets considérés comme sublimes, auxquels le sujet doit pouvoir s'identifier – toujours dans l'imaginaire – au titre de sa propre image idéale. La sublimation impose ce passage de la libido d'objet à la libido narcissique, afin que le sujet se «réalise» (comme on dit) dans ses œuvres, ou dans la contemplation de celles d'autrui. Elle semble pervertie dès l'origine par cette volonté de recréer la Chose à travers une communion de l'artiste et de l'œuvre, narcissisme culturel dont participe également le public. Heureusement cette jouissance nocive est désamorcée dès lors que la Chose (ou l'œuvre) est posée (jouie) dans son inexistence radicale, quand l'art et la sublimation n'y « croient » plus et que la création redevient possible.

Nom-du-Père

La seule fonction du père, (...) c'est d'être un mythe, toujours et uniquement le Nom-du-Père, c'est-à-dire rien d'autre que le père mort. (Jacques Lacan)

Comme on le sait, la fonction paternelle est d'articuler le désir et la Loi, afin de préserver intacte la question sur le désir de l'Autre. La mettre en berne, comme le fait le pervers, c'est tuer la question, tuer le manque. Par exemple, on voit s'effectuer le nouage du désir et de la Loi dans la phrase paradigmatique du fantasme « On bat un enfant », où le père a un rôle prééminent. Plus exactement il s'effectue dans le passage de la première phase (« Le père n'aime pas cet enfant, il le bat, il n'aime que moi ») à la seconde («Il me bat »), passage de l'amour du père à l'expression de la culpabilité du sujet, en raison de la relation incestueuse interdite. Si l'on admet avec Lacan que la fonction de Père se ramène, *in fine*, à celle de symptôme (« sinthome »), non seulement comme effet du refoulement mais comme tentative de renouer symboliquement les fils manquants, on situe la carence chez le pervers d'une telle fonction, puisqu'il se contente d'être un palliatif imaginaire au manque. Généralement le père n'a pas été nommé par la mère, ou plutôt il a été nommé puis aussitôt démenti, et sa parole anéantie. Le père lui-même n'a peut-être pas voulu incarner la fonction, transmettre le Nom, ce qui supposerait l'acceptation de la mort et le renoncement à des formes de jouissances, justement en vue de leur redistribution. Concrètement, le père étant suspecté de monopoliser la jouissance et d'exercer une loi arbitraire, il se trouve châtré par la mère qui, de son côté, rabat son désir sur une demande sans cesse réitérée à l'enfant, pure répétition d'un S1 qui sera ensuite matérialisé par le fétiche. En d'autres termes, la perversion apparaît comme une défense, jusque dans ses formes de jouissance les plus débridées – la volonté de jouissance ayant pour fonction d'éteindre le feu de la demande. Comment, à partir du fétiche, incarnation d'une jouissance muette et inerte chez le pervers, ressusciter la fonction symbolique du Nom-du-Père ? Sans doute par le biais d'une nomination *poétique* du fétiche qui fasse demande de sens, capable d'effacer le non-sens de la demande antérieure.

Obligation de soin

Le désir qui nous est adressé est celui de la société, via le discours d'un juge ou d'un travailleur social, pas celui du sujet criminel. Il n'y a, dans ces conditions, aucun soin possible. L'obligation de soin tue le soin. (Jacky Bourillon)

En France, aujourd'hui, toute personne condamnée à une infraction sexuelle grave se voit signifiée par la justice une « obligation de soin » qui, sans pouvoir naturellement lui être imposée de force, fait partie intégrante de sa peine, de son aménagement, et surtout peut contribuer à sa réduction. Des criminels se voient ainsi « adressés » par l'institution pénitentiaire à des psychologues, psychiatres ou psychanalystes, qui eux se voient réduits à devoir réaliser l'impossible : guérir des sujets qui sont le plus souvent inguérissables ou qui ne demandent pas à l'être. Ce qui peut paraître choquant n'est pas tant l'obligation faite aux criminels eux-mêmes que le dictat de l'institution à l'endroit des thérapeutes, contraints par la même « obligation de soin » et par-là même empêchés de travailler librement, selon leur éthique propre. C'est une constante du discours du maître, qui est aussi celui de la science, de dissoudre la vérité du sujet dans un supposé intérêt collectif ; en l'occurrence, le discours juridique semble avoir abandonné toute référence au mal, à la faute, à la responsabilité, pour consacrer les valeurs utilitaristes de précaution, de prévention, de médiation. Globalement, la notion de criminalité disparaît sous celle de sécurité, de sorte que même qualifiée par certains de « laxiste », l'administration se pense et se présente avant tout comme sécuritaire. C'est encore une caractéristique du discours du maître, fonctionnant à l'imaginaire : à force de vouloir éradiquer le crime et la perversité, tout en déniant leur identité propre et en refusant de les comprendre, il ne fait (notamment sous sa face pénitentiaire, la pire de toutes) que pousser au crime et engendrer des comportements pervers. Pas étonnant que les détenus ne songent qu'à monnayer l'obligation de soin (quand ils s'y soumettent), en vue d'une libération conditionnelle par exemple, sans songer à effectuer une véritable thérapie. Ces éléments « politiques », reflétant une position de maîtrise, donc perverse, sont de structure. Quant aux *sujets* de structure perverse, qui certes ne représentent qu'une partie de la population criminelle, ils demeurent imperméables à la moindre thérapie (et à la cure psychanalytique en particulier) tant qu'ils ne renoncent pas au mode de jouissance qui les a conduits à la prison et les condamne neuf fois sur dix à la récidive. Alors que faire ? Qui peut faire quoi ? Les médecins psychiatres (espèce en voie de disparition, au demeurant) sont de plus en plus dépossédés de leur science par les techniques biologiques, et par les classifications purement descriptives du catalogue DSM : la distribution des psychotropes répond à l'exigence économique du moindre coût et sert directement les intérêts de l'industrie pharmaceutique. Or, comme on le sait, les médicaments n'ont jamais guéri la moindre psychose ou la moindre perversion qui sont des troubles de la subjectivité, laquelle est un effet du langage. Les psychologues de profession, eux, collaborent au discours du maître sans toutefois en faire partie : ils tiennent certainement compte du sujet, mais sous cette face imaginaire qu'est le moi, et limitent leurs projets thérapeutiques à une vague réadaptation qui reste, comme concept et comme réalité, très hypothétique. En effet, quel sens cela a t-il de vouloir réadapter des sujets qui ne l'ont, de fait, jamais été, tant au niveau social que familial ? Et quel sens cela a t-il de renforcer un moi qui, dans le cas des pervers et des fous, se distingue justement par un narcissisme hors-limite ? Ce n'est pas cela qui peut modifier leur position subjective et donc leur mode de jouissance. De par son mode de discours, le psychanalyste n'occupe pas la place de la maîtrise, mais comme on le sait celle de l'objet 'a' : un objet déchet qui n'a rien à prescrire au sujet analysant. A propos de la psychanalyse, Lacan disait qu'« en irréalisant le crime, elle ne déshumanise pas le criminel ». En effet, en expliquant le crime par l'identification imaginaire et le fantasme du sujet, elle reconnaît *son acte* et ne le réduit pas à un débordement plus ou moins accidentel de violence. Que peut la psychanalyse ? Statistiquement, pas grand chose, étant donné le rayonnement du discours du maître dans le milieu pénitentiaire, qui étouffe ou dévoie systématiquement toute velléité subjective, y compris celle de s'engager réellement et librement dans une cure, au nom du principe de l'obligation de soin. Il n'y a pas grand chose à retenir de la criminologie qui ne s'est jamais totalement remise des errements positivistes d'un Lombroso, qui applique la théorie de la dégénérescence jusqu'à sa dernière limite et invente le « criminel-né ». Au fond, le tandem gagnant doit être celui des psychanalystes accompagnés des travailleurs sociaux, à condition de ne pas confondre leur tâche respective. La tâche du travailleur social, telle qu'elle est fixée par les instances de pouvoir, rencontre les limites et les contradictions déjà relevées à propos de la réinsertion. L'assistance que ces professions apporte aux criminels et délinquants incarcérés peut être utile dès lors qu'elle ne cesse pas devant les murs de la prison : poursuivre ce travail d'accompagnement, parallèlement à la cure thérapeutique, revient à reconnaître (et respecter) l'existence d'un « sujet en traitement » non assimilable à l'individu incarcéré, puis libre, puis très souvent incarcéré à nouveau... Il n'en reste pas moins que le système pénitentiaire, dans son principe même déshumanisant, par la réalité avilissante et désespérante qu'il perpétue, s'oppose à l'action thérapeutique, socio-éducative et psychanalytique, alors même qu'il la « commande » officiellement. Concluons. Du point de vue strictement psychanalytique, le concept d'obligation de soin est une aberration, et dans l'état actuel des choses sa mise en place juridique s'avère particulièrement inefficace. Cela n'empêche pas qu'un « soin » et même une cure soit toujours possible quand elle provient de la demande du sujet. Le soin dans sa réalité irrécusable, malgré sa rareté, représente la négation même de l'obligation de soin ; tandis que la demande, quand elle est *écoutée* (malgré les discours contraires, les feintes et les dérobades prévisibles) dispense *l'analyste* de l'obligation de se soumettre à cette obligation. Cette écoute constitue au demeurant la seule et unique obligation.

Passion

Si le fétichisme individuel s'organise autour de la croyance au phallus maternel, ne faut-il pas soupçonner la communauté passionnelle de réaliser cette même croyance à deux, d'en assurer le « salut » ? (Paul-Laurent Assoun)

Quoi de plus a-social et de plus marginal, en principe, que le couple passionné ? Mais voilà, si ce dernier fait mine de ne pas s'intéresser au social, le social, lui, s'intéresse à la passion où il voit à la fois une menace pour le respect de la norme et une forme basique, quoique inavouable, de la norme sociale. Qu'y a-t-il de si inavouable ou de si secret au principe de la passion, que la classique « déclaration d'amour » ne saurait même exprimer ou percer ? Ecrire à l'être aimé semble moins un aveu volontaire qu'une décharge nécessaire, comme s'il fallait moins se rapprocher de l'objet que le tenir à distance, éviter une trop complète et dangereuse proximité de l'objet. Masochisme foncier de toute passion, qui consiste à jouir en subissant, en souffrant la présence a-normale de l'aimé idéal. Non seulement la passion constitue un dérèglement social, au moins en puissance, mais elle est décrite également comme néfaste et toxique pour les protagonistes eux-mêmes. Pour reprendre la célèbre formule de Freud, le couple passionné relève d'une sorte de « foule à deux » hypnotique et psychotique, dans son retrait tendanciellement absolu. Parallèlement, le couple passionné ne passe pas inaperçu et concerne malgré tout l'Autre social. Celui-ci le toise, avec désapprobation, jalousie ou amusement, mais dans le fond se sent regardé et comme « accusé » par le couple. C'est pour cela qu'il s'efforce de culpabiliser, le plus possible, l'exhibition de la passion. Partant, il n'aura de cesse d'exiger l'aveu d'une improbable conspiration. Comme si le secret, l'inavouable au cœur duquel se tient nécessairement le duo passionnel était intentionnellement caché à l'Autre social, comme si passion devait rimer avec trahison. En effet, la passion ne se contente pas d'être dé-socialisante en faisant fi des règles le plus souvent (en passant *avant* elles), elle crée une sorte de social « anomique » parallèle. Ou plutôt : ne recrée-t-elle pas un social anomique plus originel que le juridique et le politique ? C'est évidemment en ceci qu'elle est condamnable, de révéler indirectement au social quelque chose de son propre fonds, de son propre secret. Qu'en est-il du culte de l'Autre qui constitue précisément la religion du social, est-il si clairement évacué dans la passion, vouée exclusivement en apparence au « petit autre » individuel ? Au contraire, il semble bien que la passion renoue avec un culte maternel plus obscur et possède une dimension incestueuse, sous des aspirations assez clairement androgyniques. Ce serait une sorte de fétichisme à deux visant à reconstituer le phallus maternel, puis à s'identifier à ce glorieux objet. L'esprit féminin de la passion est peut-être contenu tout entier, avec ses aspects refoulés, symptomatiques et platoniques, dans l'inexprimable passion de la fille pour la Mère. Inavouable, ce fonds incestueux de la passion l'est à coup sûr. Mais il y a autre chose : la passion concurrence directement la règle sociale dans la mesure où, comme elle, elle est productrice d'idéal. Le narcissisme aidant, la passion élève l'objet au rang d'idéal sexuel, auquel les amants peuvent s'identifier et former cette fameuse « foule à deux » dont nous parlions. Ce qui ne signifie surtout pas que l'union ou la fusion soit réalisée, car si l'inavouable crée un lien passionnel entre les amants, n'oublions pas que ceux-ci en ignorent les tenants et aboutissants : il s'agit là d'amour inconscient ! En tout cas, on assiste bien à une sorte de piratage d'idéal, inacceptable du point de vue du social. En résumé, à la fois le procédé d'idéalisation, constitutif de la passion, et la nature même de l'objet (le phallus maternel, soit l'absence même) apparaissent transgressifs du point de vue social. De ce fait la passion, dans son retrait (visible, éclatant de lumière par-là même) est bien plus dangereuse que la pornographie dans son outrancière exhibition (tellement qu'on finit par l'oublier), bien plus perverse aussi et transgressive puisqu'elle se désigne elle-même comme la vérité du social... Dans quelle mesure cette passion issue de l'inavouable incestueux pourrait-elle passer à la jouissance de l'inavouable, non pas certes jouissance de l'inceste mais précisément *de* l'inavouable passion, et parvenir à cette « communauté sans aveux », comme l'écrit Assoun, « où la seule éthique est de ne céder ni *sur*, ni *à*... l'inavouable » ? Dans le dernier cas, il y aurait complaisance au secret, en foule à deux ; dans le premier, on rejoindrait la meute – foule à plusieurs - des inquisiteurs. En dehors de ce dilemme, d'essence sociale dans les deux cas, les individus *passionnés* possèdent seuls la réponse - inavouable car depuis toujours (in)avouée. Si le couple passionnel est pervers, comme on l'a remarqué, au regard de la norme sociale, que dire alors de l'individu en tant que tel, en tant qu'Un ? Il est le phallus incarné (lui qui n'a jamais connu l'inceste), la victime toute désignée (lui qui ne connaît aucune culpabilité), l'éternel marginalisé (lui qui ne connaît ni marge ni centre). Il est enfin le joui-sans-jouissance, le passionné-sans-passion et le perverti-sans perversion..., à côté duquel le Sujet de la passion sera toujours l'Autre, non pas cet Autre inavouable et incestueux fantasmé par le couple dans sa passion *pour lui-même* (rien moins que le mythe autogénéré du couple idéal), mais bien le Sujet-Couple d'une jouissance-passion réellement autre, c'est-à-dire autrement incestueuse, de l'inavouable.

Père

Alors, si nous incorporons le père pour être si méchant avec nous-mêmes, c'est peut-être que nous avons, à ce père, beaucoup de reproches à lui faire... (Jacques Lacan)

La fonction paternelle n'est pas unique et intervient au moins de deux manières dans l'assomption de la castration chez le sujet. La première est imaginaire et confronte une première fois l'être humain au père « phallophore », comme l'écrit Gérard Pommier, soit le père jouisseur (-de la mère) que l'enfant pose en rival absolu ; la seconde est symbolique et consiste à transmettre un nom que le sujet choisit ou non de porter, de revendiquer, tout en choisissant son appartenance sexuelle. Le pervers a fait un choix qui le rive définitivement à ce rival. Au départ, il y a bien le père réel, porteur du phallus, mari ou amant de la mère ; c'est l'enfant qui érige ce dernier, si l'on peut dire, en possesseur jaloux et tout puissant, parfois violent, du personnage maternel. La lutte inégale qu'il engage imaginairement contre lui soulage au moins l'enfant d'une angoisse plus forte et plus destructrice encore, angoisse d'éviration liée à la jouissance sans limite de la mère. L'amour pour ce père apparaît comme l'unique façon de réponse à sa domination écrasante : il suffit de s'identifier à lui. C'est pourquoi l'enjeu d'une telle relation n'est rien moins que le choix du sexe, pour le sujet. La fille choisit généralement cette voie qui est celle de sa féminité. Or la conséquence, pour le garçon, est également une féminisation contre laquelle il ne cessera plus de lutter, du moins tant que le père symbolique ne relèguera pas au second plan ce père phallophore. N'oublions pas que ce dernier reste un rival prohibiteur, ce qui explique la présence d'un fantasme de meurtre à son endroit compatible et même naissant avec l'amour. Deuxièmement, il y a la fonction patronymique du père qui, en transmettant le nom, rend possible également de posséder le phallus. Seul le nom permet de symboliser le sexe masculin, là où la puissance totémique du père imaginaire reste anonyme et aveugle. Tout au plus le totem se supporte d'un surnom qui invoque, par delà une filiation animale, la puissance phallique pure. Le nom se contente de symboliser le phallus, le réduit à un symbole ou une abstraction qui dispense de tout totem, de tout fétiche. Que la transmission patronymique soit la meilleure parade contre le procès primitif de féminisation, explique son importance moindre chez la femme, qui se contente de recevoir le nom sans avoir à le conquérir, et peut chercher à le monnayer socialement dans le mariage. La responsabilité « subjective » du père dans le don de son nom est grande, dans la mesure où il peut faire pérenniser son image de père phallophore et, refusant sa propre mort symbolique, provoquer la revendication hystérique comme la procrastination obsessionnelle. Mais, si rien ne vient symboliser le phallus dans l'ordre du langage, cette fonction sera finalement concédée au fétiche dans le cadre de la structure perverse. Cela se produit particulièrement lorsque l'enfant se trouve surprotégé, court-circuité dans ses actions, alors même qu'il subit la féminisation dans la lutte avec son rival. Le fétiche perpétue la puissance totémique tout en la localisant sur l'objet de désir maternel, représentant le manque de la mère corrélatif à la toute-puissance paternelle, castration que le fétiche est censé néanmoins pallier. Le fétiche est toujours porteur d'une certaine violence, car luttant avec un père surpuissant, objet d'un amour désespéré et masochiste, le sujet pervers ne peut que s'identifier à ce père-du-mal pour tenter de rivaliser avec lui en méchanceté. Même si son identification fondamentale reste féminine, il ne cesse d'exhiber les emblèmes de virilité les plus ostentatoires. Cette structure reste donc typiquement masculine et ne concerne que les rares femmes adoptant explicitement une position masculine (corollairement, on pourrait montrer que la sublimation, qui inverse radicalement la perversion et d'une certaine manière la prolonge esthétiquement, relève d'une féminité exclusive). Cet amour qui fait mal et qui déses-père, cet amour impossible pour un père anonyme et acéphale, incarnant le mal absolu, explique que la jouissance de l'un puisse être associée à la souffrance de l'autre et donne au sadisme une stature particulière, presque constitutive, dans le champ des perversions. Allons jusqu'à dire que cette violence sadique est co-constitutive de la presque constitutive, dans le champ des perversions. Allons jusqu'à dire que cette violence sadique est co-constitutive de la sexualité masculine, non parce que l'homme manquerait foncièrement de cœur et d'éducation, mais dans la mesure où il reste rivé à l'image d'un père violent auquel il ne peut échapper qu'en s'identifiant à lui (non sur le mode névrotique de la métaphore paternelle, mais en «faisant comme» lui, sur le mode de l'analogie, et en s'épaulant de la métonymie fétichiste). A défaut d'être médiatisé par l'amour d'une femme, qui n'est nullement nécessaire à sa constitution (si ce n'est le désir primordial pour la mère) et à son expression, la sexualité masculine est perverse. Du moins tant qu'on accepte le présupposé théorique (se faisant passer, subrepticement, pour un donné réel), comme quoi la fonction paternelle serait initialement duelle et ambiguë, à la fois imaginaire et symbolique, violente et structurante selon qu'elle incarne plutôt la jouissance ou plutôt le désir. En matière de jouissance, la doctrine analytique nous renvoie à une origine sempiternellement traumatisante (dont les motifs anthropologiques, sous couvert de logique inconsciente, ne semblent gêner personne), décrite comme *relation* agressive entre un sujet et un Autre : d'abord le Père et la Mère (il est censé vouloir la violer), puis la mère et l'enfant (elle veut se l'approprier, le réintégrer), et enfin dans la perversion entre le Père et l'enfant (le second, terrorisé, s'identifie au premier). Comme si la jouissance du Père devait être fatalement perverse et condamnable, au nom du mythe de la violence originelle ! Mais de la même manière, c'est parce que la jouissance de la Mère paraît aussi inconcevable et folle, que le Père symbolique, c'est-à-dire cette fois le père mort, représente pour le sujet la seule voie d'accès à la castration. Prédomine donc *le point de vue* de l'enfant comme fantasme d'un père jouisseur et violeur, non seulement dans la construction d'une structure subjective perverse (infantile, puis adulte), mais dans la constitution de *cette théorie* analytique elle-même, en tant qu'imaginaire et auto-illustration de la névrose infantile.

Perversité

Nous ne disposons malheureusement que d'un seul mot, celui de pervers, pour désigner indistinctement les sujets marqués du sceau de la perversité, et ceux qui sont atteints de perversion des instincts élémentaires. (*Manuel alphabétique de psychiatrie*, cité par Joël Dor)

L'auteur de ces lignes regrette la polysémie d'un vocable qui, selon lui, désigne deux réalités bien distinctes. D'une part la perversité (terme dérivé de pervers) renvoie à un contenu essentiellement moral, comme les mauvais penchants d'une personne n'hésitant pas à exploiter son semblable, afficher son égoïsme ou se comporter avec cruauté. D'une part ces sujets ne seraient pas considérés comme anormaux, d'autre part cette orientation du comportement pourrait conserver un caractère épisodique. Le clivage séparant perversité et perversion intervient avec le caractère soi-disant pathologique des comportements pervers, en ce qu'il indique une altération générale et permanente de la personnalité et, surtout, une déviation significative des instincts. Il n'échappe à personne que ce clivage, étant à la base idéologique puisqu'il postule de toute part une «dégradation», une subversion par rapport à certaines «valeurs», ne fait que transporter ses préjugés moraux et idéologiques au niveau de l'analyse des perversions instinctives. Dans cette vision normative qui prévaut encore aujourd'hui dans une certaine clinique psychiatrique, les perversions sexuelles ne sont qu'un sous-ensemble de celles-ci. Aucun élément de structure ne peut être déduit du vecteur sexuel proprement dit. En matière de sexualité, on se contente de distinguer les perversions par rapport à leurs objets (homosexualité, etc.) et les perversions par rapport à leurs moyens (fétichisme, etc.), opposition qui servira de base à la distinction freudienne entre les déviations quant à l'objet (objet de la pulsion) et les déviations quant aux buts - sans que ce partage paraisse jamais essentiel dans la théorie de Freud, qui placera toujours la sexualité au centre de son modèle explicatif. Dans l'approche normative et idéologique du phénomène, au contraire, on se contente d'évaluations purement différentielles tout en confondant les manifestations aléatoires de la perversion et ses traits structuraux déterminants. De ce fait, on ramène bien la perversion sexuelle à la perversité morale, la première restant ignorée dans sa dimension causale. Mais aussi, corollairement, les conséquences sexuelles jugées aberrantes de la perversité peuvent devenir des objets de description privilégiés, et faire écho esthétiquement à un certain polymorphisme pervers et sexuel. C'est pourquoi il convient de prendre les choses avec humour, si l'on peut dire : il se pourrait bien que le regard sur la «perversité», autrefois sévère et moral, s'avère aujourd'hui plus poétique et plus disséminant que la très sourcilleuse théorie analytique des «perversions». La perversité du point de vue non psychanalytique, en l'occurrence, consiste à niveler ironiquement les touches de perversité et les traits de perversion, à les «topoétiser» en les envoyant «valser» mutuellement les uns contre les autres, et à les ramener finalement dans l'univers qu'ils n'auraient jamais dû quitter, celui du jeu.

Phobie

Disposition perverse polymorphe et phobie relèvent toutes deux des champs primaires et de ce que j'appellerai la névrose pulsionnelle, alors que le champ où se déploient l'hystérie et la névrose obsessionnelle relève du champ du discours et du système secondaire. (Irène Diamantis)

Certains psychanalystes (comme Irène Diamantis) utilisent le concept de « disposition perverse polymorphe » pour désigner l'univers pulsionnel en tant que sol originaire du psychisme humain. Ils situent la phobie, dès avant l'organisation hystérique ou obsessionnelle, au niveau de ce même dispositif pulsionnel et la caractérisent donc comme « disposition polymorphe ». Le noyau phobique originel serait à ce titre la meilleure et la plus commune défense contre les assauts de la perversion, en tant que structure logiquement constituée. Dans ce registre polymorphe de la pulsion, le concept de « séparation » semble plus pertinent que celui de castration. En effet, il ne s'agit pas de savoir si le sujet se montre capable de surmonter un certain nombre de contradictions, d'assumer une division constituante, mais seulement s'il peut mettre à distance, se prémunir d'un univers imprévisible où tout est possible, tout peut arriver, y compris et surtout l'absurde intégral. Une peluche adorable – comme on le voit dans le film « Gremlins » - peut très bien se mettre à mordre, à tyranniser avec la dernière cruauté l'enfant qu'il semblait jusqu'alors protéger. Bref nous sommes dans l'imaginaire à l'état pur, où se succèdent sans crier gare le bien et le mal, l'amour et la haine, le rire et la peur, l'excitation et la terreur. L'univers polymorphe de la pulsion est celui de l'inceste prescrit, annoncé, prophétisé – nullement interdit. Mais à la différence de la perversion proprement dite, installée, y compris d'ailleurs comme polymorphe, la disposition perverse/phobique implique à terme la culpabilité et fait accéder par ce biais, par ce recul imposé, au lien symbolique. Le fait de s'abandonner au non-sens expressionniste de la pulsion est vécu comme une faute, qui engendre la séparation. Lorsque, plus tard, la phobie est constituée autour d'un ou plusieurs objets invariants, ceux-ci fonctionnent comme des signaux où se repère le sujet, qui défend sa castration (même si c'est dans la terreur), là où inversement le pervers s'en défend grâce au fétiche. Inutile de préciser que cette thèse s'avère fragile, surtout en tant qu'explicitement «analytique», et incompatible notamment avec les formulations lacaniennes. A notre avis, il suffit d'expurger la « disposition perverse polymorphe » de toute mention d' « originarité » (un des péchés originels de la psychanalyse) pour la rendre opérante théoriquement et peut-être cliniquement. De même, la «séparation» ne doit pas s'appliquer au sujet, mais bien à la phobie elle-même et à son objet, unilatéralement ; il n'y a pas lieu de se prémunir de la peur, de se tenir à distance de l'objet, puisque le sujet en tant que pulsion (ou « agito ») *est* cette mise à distance de la peur (et) de l'objet.

Psychopathie

La conduite du psychopathe signale le point de rupture qu'occupe l'individu dans le réseau des agrégations sociales. (Jacques Lacan)

Le terme de « psychopathie » fut surtout employé en psychiatrie pour signaler un «trouble de la personnalité», proche de la « perversion instinctive » de Dupré, apparentant le psychopathe à une espèce particulière de délinquant ou de criminel. C'est l'individu dangereux par excellence. Pendant longtemps, l'école psychanalytique a qualifié cette pathologie de «névrose de caractère » ayant pour origine une carence ou un dysfonctionnement du surmoi. Phénoménologiquement, la psychopathie se révèle par le passage à l'acte et se distingue notamment du délire psychotique. Lacan la définit comme une conduite ne pouvant en aucun cas constituer la structure du sujet ni même indiquer à elle seule une pathologie. Il articule la psychopathie avec le surmoi comme lieu de confrontation du sujet avec la loi, ce qui a pour effet de désocialiser la définition du concept en le recentrant sur le sujet, et en particulier sur la confrontation du sujet avec la castration. Le surmoi, en effet, a cette perversité de vouloir nier la castration en sommant le moi de répondre à ses injonctions, et en le culpabilisant. Du coup, la notion de psychopathie rejoint celle de narcissisme, en tant qu'attitude défensive du sujet face à la castration, et à ce titre concerne tout aussi bien la structure perverse, névrotique, que psychotique. La psychopathie caractérise un moi identifié exclusivement au surmoi ; sa dangerosité dérive du désir d'appliquer une loi strictement punitive, conduisant bien souvent à des violences criminelles. Contrairement à la perversion de structure, la loi-psychopathe ne commande pas seulement la jouissance en tant que sexuelle, la loi commande l'acte et se promulgue précisément à cette occasion, dans cette parousie. Notons que l'acte auto-suffisant, en phase avec le narcissisme foncier du sujet, s'avère à terme auto-destructeur – ce qui ne signifie pas exactement suicidaire. La mort violente et spectaculaire, la mort apocalyptique est l'horizon des agissements du sujet. C'est pourquoi la seule issue vers une non-psychopathie radicale (aussi bien pour lui-même que pour ses victimes potentielles) consiste à incarner la mort, *faire le mort* pour rendre tout passage à l'acte définitivement obsolète.

Pulsion

Par « pulsion », nous ne pouvons, de prime abord, rien désigner d'autre que la représentation psychique d'une source endosomatique de stimulations, s'écoulant de façon continue, par opposition à la « stimulation », produite par des excitations sporadiques et externes. (Sigmund Freud)

Ayant rappelé en exergue cette indispensable définition de la pulsion freudienne, il faut encore apporter deux ou trois mentions essentielles pour effectuer une articulation théorique pulsion/perversion : 1) la pulsion est toujours «partielle», c'est-à-dire que malgré sa forme fluente et continue, elle reste surdéterminée par l'objet (partiel par définition) ; 2) si elle est décomposable (en source, but, objet, etc.), elle doit avoir initialement la nature d'un assemblage, tandis que la perversion correspondrait à une désolidarisation de ces éléments ; 3) néanmoins la perversion va dans le sens d'une «idéalisation» de la pulsion et implique une participation psychique globale au phénomène. Dans la première partie des Trois essais, Freud effectue un recensement des différents types d'«aberrations sexuelles», selon le terme courant de l'époque, et reprend les critères classiques de discrimination entre, d'une part les «déviations» relatives à l'objet, et d'autres part les déviations relatives au but (le but «normal» serait la satisfaction apportée par l'acte génital). Mais l'originalité de Freud consiste déjà à ancrer ces «aberrations» sur le concept de pulsion. D'autre part Freud va subvertir l'opposition classique entre, justement, les déviations du premier type, essentiellement l'inversion, et celles du second, assimilées aux perversions proprement dites : Freud limite l'usage du mot perversion aux déviations quant au but sexuel, qu'il s'agisse de transgressions anatomiques caractérisées ou d'arrêts à certains stades intermédiaires de l'acte sexuel, ayant pour effet d'inhiber celui-ci. Les déviations quant à l'objet ne sauraient être indicatives car, Freud le découvre peu à peu, cet objet de la pulsion est foncièrement indifférent et ne laisse place à aucune «normalité». C'est donc le processus sexuel lui-même qui semble exposé à la perversion et comme marqué par elle, comme si la perversion cessait d'être vue comme une déviation par rapport à une norme mais comme un aspect essentiel et «naturel» de la sexualité humaine. En particulier, elle se déduit des fluctuations du processus pulsionnel et de sa complexité originelle. Ainsi Freud met l'accent sur les aspects pervers dans la névrose (les symptômes comme traces en négatif d'une sexualité perverse) et bien sûr les sources infantiles polymorphes du phénomène (le surinvestissement des objets partiels). Freud substitue aux concepts d'aberration et de déviation ceux de « fixation » et de « régression ». Il introduit la notion de «destin pulsionnel», soit l'élection de tel objet ou de tel but intermédiaire en fonction de l'histoire du sujet. Etant donné la mobilité des buts et des objets de la pulsion sexuelle, on ne s'étonnera pas de croiser dans leur constitution et leur destination les pulsions du moi, auxquelles elles viennent parfois se mêler. Dans «Pulsions et destins des pulsions», la subjectivation apparaît clairement comme un effet du processus pulsionnel, et Freud distingue quatre types de destins pulsionnels : le refoulement, la sublimation, le renversement dans son contraire et le retournement sur la personne propre. Ces deux dernières notions s'appliquent directement aux perversions. Le renversement dans son contraire peut consister en un simple retournement de l'activité vers la passivité (comme par exemple le sadisme s'inversant en masochisme) ou bien porter sur le contenu même de la pulsion (comme l'amour devenant haine). Quant au retournement sur la personne propre, cela permet notamment de caractériser l'inversion comme l'un des processus à l'œuvre dans les perversions, et ainsi faire oublier l'ancien clivage inversions/perversions qu'on trouve encore dans les *Trois essais*. Cette subjectivation indéniable des perversions opérée par l'évolution des concepts freudiens n'aboutit cependant pas à la structuration de la perversion comme mode d'identification. Elle suffit en revanche pour distinguer théoriquement pulsion et perversion en empêchant de réduire «moralement» celle-ci à celle-là. Elle contribue, d'autre part, à lester le processus pulsionnel d'une composante d'emblée perverse en présupposant la double extériorité d'un objet et d'un but, tous deux indéterminés, respectivement nommés par Lacan « objet a » et « jouissance ». Définie comme « représentation » ou tension psychique, la pulsion *n'est pas* elle-même jouissance. Comme embryon du désir, elle est plutôt principe d'inassouvissement, empruntant à la sexualité sa structure duelle et son origine organique, partielle. Il ne s'agit pas d'écraser artificiellement l'un sur l'autre les deux concepts de pulsion et de jouissance, mais d'admettre la priorité logique et réelle de la jouissance et son statut de cause, la fonction de but étant remplie par le plaisir. Ayant établi que la jouissance n'est pas « comme » la pulsion (pulsion de mort, notamment...), en application des principes d'antériorité et surtout d'unilatéralité, on posera sans contrepartie que la pulsion est bien «comme» la jouissance, c'est-à-dire un concept et une réalité autonome.

Réponse

Le cas célèbre de la jeune homosexuelle (Freud, 1920) offre un exemple privilégié pour déplier en quoi et comment la perversion est réponse et non question adressée à l'Autre. (Hervé Castanet)

Le cas de la « jeune homosexuelle » permet à Freud d'illustrer sa thèse, déjà affirmée en 1919, selon laquelle la perversion s'enracine dans l'histoire oedipienne du sujet. C'est l'occasion également de distinguer rigoureusement deux sortes de comportements, l' «*acting-out*» et le «passage à l'acte», ce dernier étant en l'occurrence analysé par Freud comme «réponse perverse» (en l'espèce une tentative de suicide). On connaît donc l'histoire de cette jeune fille de bonne famille, éprise d'un amour platonique pour une Dame plus âgée, plutôt du genre cocotte mondaine, mais que cette jeune fille idéalise au point de se comporter devant elle en *amoureux* transis, sur le modèle de l'amour courtois. Aucun symptôme, aucune plainte ne justifie sa présence dans le cabinet du psychanalyste, sinon une démarche du père que cette liaison exaspère, d'autant que visiblement la jeune fille provoque son père en s'exhibant sans retenue en compagnie de la Dame. Freud s'attache ici à justifier le traitement de certains cas de perversion, même s'il n'évoque évidemment pas la perspective d'une guérison. A partir du moment où elle crédite la perversion, et notamment l'homosexualité, d'une genèse psychique ancrée sur le drame oedipien, l'analyse peut contribuer à en dévoiler les mécanismes et répondre ainsi à une demande du patient. Dans le cas de cette patiente de Freud, la mise en place d'une perversion homosexuelle n'intervint qu'à l'adolescence, période qui voit une «régénération pubertaire du complexe d'Oedipe», alors que la mère attendait un quatrième enfant. Cela ne put que raviver le désir inconscient d'avoir un enfant de son père ; mais cet événement, vécu comme une trahison, déplaça l'intérêt pour le père (et les hommes en général) en intérêt pour la mère (pourtant haïe inconsciemment) et les femmes en général (plutôt âgées). Voici donc la jeune homosexuelle défiant ouvertement son père, lui montrant grâce à cette liaison somme toute frustrante la hauteur et la pureté d'un véritable amour. A la limite, comme le dira Lacan, elle aime ce « rien » ou ce manque lui-même, symbolisé par le signifiant « phallus ». Mais justement, là où d'habitude le signifiant fait son effet de sens, de métaphorisation du désir, la jeune fille ne peut ici que montrer, théâtraliser, par déplacement métonymique, son désir passionnel. Le fait de se montrer publiquement en compagnie de la Dame relève de l'*acting-out* et maintient une adresse à l'Autre. Seulement ce qui finit par se produire, alors justement que le père croise le couple dans la rue et s'en offusque, alors que la Dame s'en inquiète à son tour au point de vouloir faire cesser cette relation, c'est une tentative de suicide de la jeune fille qui se précipite et tombe sur la voie du chemin de fer urbain. Là, nous ne sommes plus dans la logique de l'*acting-out*, mais dans celle du passage à l'acte. En quoi cet acte précis signe-t-il la voie perverse du désir ? Il serait naïf d'expliquer ce geste comme une réaction désespérée face au courroux du père (courroux ordinairement recherché) ou même au rejet un peu vif de la Dame. Cet acte, si vain qu'il puisse sembler, n'est pas une fuite ou un «appel» mais une réalisation, pas une question angoissée mais une *réponse* résolument adaptée à la logique du désir pervers : le désir initial et préservé, simplement déplacé, d'avoir un enfant du père. Freud joue sur le double sens, en allemand, du verbe *niederkommen*, signifiant «venir bas», «accoucher», mais aussi «tomber»... En tombant sur la voie ferrée, elle revient de son identification au père-amant et devient elle-même l'enfant qu'elle ne put avoir avec lui, elle s'identifie à l'objet chu, sorti du champ symbolique. En outre, Freud voit une composante autopunitive dans cette tentative de suicide, la jeune fille retournant contre elle un désir de vengeance à l'égard de ses parents, tour à tour coupables de trahison. Le passage à l'acte constitue donc une réponse, mais il n'y a pas vraiment de question, pas vraiment de sens… Qu'elle fasse d'abord le père, puis qu'elle fasse l'enfant, ne fait qu'inscrire la jeune homosexuelle sur l'axe imaginaire de la symétrie et de la réciprocité, règne sans partage du narcissisme. L'enjeu est le suivant : passer d'une réponse somme toute imaginaire, encore provocante à l'endroit de l'Autre paternel, à une réponse réelle ou réellement autonome du sujet où celui-ci pourrait répondre de son acte. Car le passage à l'acte pervers, avec ses effets réifiants (comme dans le cas de la jeune homosexuelle), demeure la conséquence d'une *question* oedipienne (question du sujet sur le désir de l'Autre) laissée en suspens. L'acte subjectif, où le sujet se fait acte, ne saurait être que la réponse du réel à la question du sujet – et non l'inverse, car le réel, en non-philosophie, n'est pas en question. Le réel, plus exactement, c'est qu'il y ait réponse, c'est que réponse soit donnée à une question qui, sinon, ne se pose pas.

Sadisme

Car l'impératif du fantasme sadien, avant d'être mis en scène dans l'imaginaire des scènes sexuelles, est d'abord un « il faut entendre », et c'est par là qu'il touche ce qu'il y a de plus structurel dans la perversion. (Serge André)

Qui n'est pas spontanément tenté de confondre sadisme et perversion, tant il est vrai que les deux termes semblent exprimer la même attitude, la même disposition subjective à « faire le mal » ? On sait bien pourtant qu'il n'en est rien et que l'éventail des perversions se montre des plus riches et des plus variés, que le sadisme n'existe comme tel que mis en relation structurellement avec le fétichisme ou le masochisme, par exemple, et qu'il est sans doute moins fondamental, en tant que structure clinique, que ces derniers. D'autre part, si l'on rapporte l'origine du mot au personnage historique de Sade et à son œuvre, il faut éviter de confondre le «sadisme» applicable aux héros des récits sadiens et la structure psychique du Marquis lui-même, libertin dans le siècle assurément, et non moins indéniablement masochiste. Rappelons qu'un libertin au XVIIIème siècle n'est pas spécialement, ou pas seulement un « débauché », mais surtout un contestataire opposé aux discours dominants, notamment religieux, un athée mettant en cause le statut du Dieu chrétien comme unique « sujet-supposé-savoir ». L'autre grande référence philosophique de l'époque est la Nature, en tant que système de lois universelles, et c'est elle que l'on retrouve omniprésente chez Sade sous l'espèce d'un « Etre suprême en méchanceté », non plus supposé-savoir mais cette fois supposé-jouir. Mais Sade est plus conséquent, ou peut-être plus religieux, que les libertins de son époque cultivant simplement l'immoralisme : il conçoit une vraie morale, universaliste, rigoriste, dont l'impératif catégorique consiste à obéir à la Nature et à ses lois impitoyables, cannibaliques, éminemment criminelles. Pour le dire autrement, la Loi est de jouir selon la Nature et pour la Nature. Il s'agit d'un sacrifice, plaçant cette nouvelle espèce de dévôts dans une position masochiste, et dont la portée ne va toutefois jamais jusqu'au marricide ou à l'inceste : la Nature elle-même reste inviolable, finalement le crime, non dialectisable, tourne court, se résout non dans la jouissance tant espérée mais dans le seul plaisir, indéfiniment réitéré. L'uniformité de la vie et des écrits du Marquis de Sade illustre à merveille ces principes. Voici comment Lacan formalise le fantasme du héros sadien. La position initiale du bourreau est celle de l'objet 'a', instrument métonymique de jouissance au service de la Nature comme Volonté de jouissance absolue. C'est la victime, en face, qui incarne le sujet dans sa division spécifique, entre douleur physique et soumission morale. C'est cette division qui est visée par le bourreau, au moyen de l'angoisse provoquée, et non la souffrance pour elle-même. Le reste de l'opération, en bout de circuit, devrait être le « pur sujet du plaisir » comme l'écrit Lacan, censé advenir une fois le corps expurgé de toute douleur et de tout mal. Or c'est à ce moment que le sujet défaille, pendant que le maître « décharge », éventuellement, et tout est à refaire. Dans sa vie, Sade a plutôt joué le rôle de la victime, du mort-vivant, ayant passé le plus clair de son temps sous les verrous, à la merci d'un maître qui avait pour nom Mme de Montreuil, sa belle-mère. Il y a une autre dimension du fantasme sadien, rarement mis en valeur, qui concerne directement le rôle que la psychanalyse peut revendiquer auprès des pervers. Dans sa prison, Sade a dû convertir l'impératif de jouissance totale en obligation de dire « toute » la jouissance, de raconter la totalité de son fantasme, fût-ce sous le mode le plus rébarbatif. Il y a bien du sadisme dans le fait d'imposer au lecteur pareille épreuve de lecture, véritablement assommante. Le côté répétitif et comme mécanique de la stylistique sadienne, indique que cette jouissance excède de toute part le langage, et pourtant s'épuise à vouloir l'exprimer dans et par le langage. Sade écrivain s'acharne sur son lecteur comme le bourreau sadien s'écharne sur sa victime, indéfiniment ranimée pour subir d'éternels supplices. Or cette situation nous renvoie au cœur du fantasme sadien et à la véritable nature de l'objet fétiche : il s'agit de la voix, la voix forte, impérative. Que vocifère-t-il, le bourreau, que réclame-t-il de sa victime ? L'aveu, l'aveu de la jouissance cachée dont il est censé être le dépositaire, ou le bénéficiaire grâce au traitement infligé (« avoue que tu aimes ça ! », dit le violeur à sa victime – alors que dans le même temps, il ne saurait souhaiter son consentement !). D'une part l'impératif de tout dire (de la jouissance) produit le texte mécanique, sans sujet, que les avant-gardes littéraires ont justement repéré chez Sade ; d'autre part, il produit la stupeur médusée du lecteur, de même que le bourreau finit par arracher un cri à sa victime, seulement un cri (comme « fétiche sonore » : Barthes), en guise de parole. L'impératif sadien de tout dire s'oppose, de toute évidence, à l'éthique du bien-dire du psychanalyste ; cependant, si ce même psychanalyste parvient à provoquer ce pivotement, d'un quart de tour sur la structure, qui exprime la différence entre le fantasme sadique et le fantasme masochiste de Sade écrivain, autrement dit s'il parvient à susciter chez son patient le désir d'écrire son fantasme, ceci allègera d'autant les occurrences où il serait tenté de le vivre. Evidemment, cela ne constitue qu'une demi-solution, d'autant que les conséquences réelles d'une identification masochiste pour le sujet écrivain ne sont pas à négliger : car dans le cas où il écrit *sur* la jouissance, il le fait nécessairement à ses dépens. Eternel problème de la sublimation qui, en tant que mode de l'«autre jouissance», ne fait qu'« élever l'objet (ici le signifiant) à la dignité de la Chose » (Lacan), sans toutefois déloger le sujet (pervers) de son identification (masochiste) à l'objet ; de sorte que le sujet ne peut vivre la jouissance que médiatement, par la voie du signifiant, ou bien immédiatement, en retombant dans la perversion du passage à l'acte.

Savoir

Le désaveu du pervers porte sur le manque comme cause du désir, et, par suite,porte également sur le manque de savoir comme cause de pulsion scoptophilique. (Jean Clavreul)

Le complexe de castration ne consiste pas tant dans la découverte d'une absence que dans la réalisation d'un manque, et ce manque ne porte pas tant sur la chose (le pénis manquant en question) que sur le savoir même de la chose. En même temps qu'il découvre qu'on peut physiquement être privé du pénis, l'enfant doit réaliser que son savoir antérieur (la croyance en un pénis maternel) était erroné, par conséquent qu'un savoir peut très bien être faux. Cette disjonction du savoir et de la vérité n'est pas forcément facile à vivre, car il y va aussi d'un savoir sur la mort et sur sa propre finitude (un savoir peut mourir, donc le savoir ne dispense pas de la mort). Le pervers en particulier n'admet pas d'avoir été trompé concernant son tout premier objet d'amour ; il ne peut pas comprendre que ce qui sous-tenait cet amour, soit le désir, était lui-même motivé par un manque et un défaut de savoir ; car il n'y aurait eu ni désir ni amour sans la relation avec un tiers qui, nécessairement en savait un peu plus sur ce désir et lui donnait sa mesure. Alors pour dénier que le manque puisse causer le désir, et que le savoir puisse faire défaut, le pervers se satisfera d'une présence, d'un instrument de jouissance à portée de main, et d'un savoir-faire éprouvé (pouvant se doubler de discours interminables) sur les choses de l'amour. Il cherchera à père-vertir l'analyste notamment, en taxant son discours de paternalisme impuissant, lui refusant le statut de sujet-supposé-savoir. Grand illusionniste et grand metteur en scène concernant la jouissance, le pervers ne reconnaît pourtant pas l'illusion à la racine de tout savoir et de toute expérience amoureuse, dans la mesure où l'objet d'amour (et son savoir lié) est toujours la substitution d'un objet définitivement absent et donc la métaphore d'un manque. Alors que le fétiche du pervers serait plutôt pour lui la métonymie d'un plein. Faisons quand même observer que si le pervers confondait totalement les ordres du savoir et la vérité, s'il écartait l'illusion au profit d'un savoir absolu, totalement intégrant, il ne serait plus pervers mais psychotique. D'une certaine manière cette attitude relative au savoir fait elle-même partie de la mascarade, puisque tout est mascarade selon lui ; c'est une manière de rediriger et de canaliser l'illusion pour ne pas la laisser s'attaquer aux fondements, à la Chose identifiée au Savoir. Contrairement au fou, donc, le pervers se tient lui-même en retrait : tout entier adonné au culte de la jouissance, il se cantonne par principe à l'inutile, à la brillance et au faire-valoir, et lui qui n'a pas souffert d'être trompé devient à son tour le plus grand des trompeurs. La psychanalyse, qui voit l'illusion et le manque au fondement du Savoir, n'est-elle pas d'une certaine façon son complice en se présentant comme une illusion nécessaire ? «Avant» la Chose, dont le statut est certes d'emblée fantasmatique, «il y a» le Réel qui ne se résout pas dans l'*absence* de la Chose (absence engendrant le désir, ou le dépit) mais dirons-nous dans sa non-possibilité radicale. Le *su* de la non-existence de la Chose est l'antidote contre le Savoir de la Chose et le savoir de l'illusion de ce Savoir, lesquels font système.

Secret

Fort de son aptitude à provoquer la Loi, c'est-à-dire l'interdit, le pervers s'emploie à faire la preuve implicite qu'un secret peut toujours être dévoilé. (Joël Dor)

La jouissance perverse, dans la mesure où elle admet sans l'admettre la loi du désir comme désir de l'autre, ne se déploie convenablement que par l'effet d'une médiation d'un tiers complice. Celui-ci est convoqué comme témoin d'une possible et avantageuse transgression de la loi. A la différence de l'obsessionnel qui complote (et jouit) dans la solitude de son fantasme, le pervers a besoin du regard de Autre qui n'est jamais qu'une transposition de la figure maternelle. Comment parvient-il à le compromettre, à le piéger au point d'en faire un véritable complice ? Au moyen du secret partagé : réduire le témoin au mutisme et à l'immobilité du simple fait qu'il sait quelque chose d'essentiel sur l'autre et que l'autre sait qu'il le sait, le condamner à faire comme s'il ne sait pas. Du fait que le secret porte sur la transgression de la loi, doublement inavouable, son ressort n'est plus la confiance mais la culpabilité. Il est possible que certains pervers tentent de piéger le psychanalyste un peu trop docile, un peu trop écoutant, devenant vite prisonnier de son devoir de réserve et, du point de vue du pervers, complice honteux et impuissant des méfaits perpétrés. Le pervers et la psychanalyste partagent alors le savoir d'une tromperie qui fait fonds sur l'illusion de tout savoir concernant la loi : tous coupables d'ignorer l'ineptie et la fausseté de la loi paternelle ! Le pervers n'a de cesse d'exiger l'aveu même de ce désaveu, de la part de victimes transformées en complices. S'il opère au nom d'une quelconque loi du père, le psy est donc d'emblée supposé trompé et par-là même (c'est la conviction du pervers) trompé-trompeur, c'est-à-dire complice. Il faut donc rester sourd à la *supposition*, à la révélation victorieuse (dont jouit le pervers) de la tromperie en admettant dès avant toute perversion (de la loi) que la loi (s')est réellement *trompée*, a été *pervertie*, c'est pourquoi elle *doit* opérer.

Séduction

C'est à condition de feindre d'être aimée comme Autre que la femme advient le plus « infailliblement » au lieu d'où elle va pouvoir s'éprendre de qui l'aime comme leurre. (Paul-Laurent Assoun)

Dans l'intrigue marivaudienne, l'amour a besoin, pour triompher, de pouvoir être dit : il faut pour cela déployer des moyens de séduction, mettre en œuvre tout un dispositif de faux-semblants et de «fausses confidences» révélant bien l'assise fantasmatique de l'amour. L'amour *doit* triompher, comme le lapin doit sortir du chapeau, à partir du moment où le «tour» est scrupuleusement joué, où les conditions objectives de sa réussite sont réunies. Dans « les fausses confidences » (on suit le commentaire de P.-L. Assoun dans *Le pervers et la femme*), il s'agit de conduire une femme à aimer – malgré elle – un homme, sur la foi d'une simple déclaration, non dite au demeurant, mais rapportée, de celui-ci. Au départ, il y a bien l'amour de cet homme, mais il apparaît au médiateur (Dubois) qu'il ne saurait être avoué dans sa nudité : il faut l'habiller de semblants et d'apparences afin de séduire et donc de pouvoir s'envisager dans la réciprocité. Surtout, il ne suffit pas de montrer, il faut dire ; ou plutôt, il ne faut surtout pas montrer, et dans un premier temps, il faut même s'abstenir de dire ouvertement. La besogne du médiateur est soutenue par son fantasme prémonitoire de voir l'amant «en déshabillé» dans l'appartement de Madame. Le pervers n'aura de cesse que ce fantasme se réalise, que cette image passe dans la réalité. Il est omniscient, il sait tout sur le désir de chacun, secret ou avoué, conscient ou inconscient : ce n'est qu'une question d'agencements mécaniques et d'un peu de temps. Son stratagème consiste à dévoiler à Araminte (la femme aimée) l'amour passionnel de cet homme (Dorante), tout en scellant cette (fausse) confidence du sceau du secret puisqu'il est censé ne pas vouloir en témoigner. Or pour Araminte, le fait de savoir que cet homme a fait d'elle son objet de désir, tout en se l'interdisant, la conservant ainsi toujours Autre, ne peut que la conduire à aimer. A aimer qui et quoi ? Cette image d'elle-même comme Autre (matérialisée dans la pièce par le «portrait d'une Dame», auquel Araminte va s'identifier), femme-objet d'un désir interdit : c'est de cet interdit que se forme en retour son propre désir. Le désir et l'amour reposent donc sur des schémas beaucoup plus complexes que ceux de la réciprocité ou de la symétrie : via la séduction, l'amour suppose d'abord la reconnaissance du désir de l'Autre. Freud avait noté une certaine prédisposition de la femme au «secret amoureux», non par coquetterie ou immaturité, mais parce que bien souvent le secret est l'un des éléments qui conditionnent et structurent sa vie amoureuse : en effet le secret recouvre le fait d'être prise comme objet d'un désir interdit, et la femme aime quiconque la place en ce lieu. La valeur du secret réside moins dans un interdit de faire que dans un interdit de dire : aussi l'enjeu final, et paradoxal, de l'aveu, sera d'officialiser la liaison amoureuse et de permettre le mariage. L'aveu ne signifie pas le retour à la sincérité après la mascarade : au contraire, il prend en compte la dimension du fantasme, puisqu'il consiste à identifier ouvertement cette femme réelle avec l'image de l'Autre femme (ici le portrait), identification dont, nous l'avons dit, la femme a besoin même si elle n'est pas totalement dupe. En même temps cette identification a la nature d'une aliénation : dans la pièce, tout se passe comme si le séducteur par procuration, Dubois, ne laissait aucune chance à sa victime qui va effectivement devoir aimer en dépit d'elle-même. Ce déterminisme amoureux fondé sur la séduction et la rigueur des apparences, est mis en scène ou en acte de façon diabolique par cette sorte d' «expert en féminité» qu'incarne le pervers. Cependant la véracité d'une telle science ne doit pas nous leurrer comme elle peut leurrer les victimes. N'oublions pas que la valeur du secret tient à une sorte de complicité du pervers avec la loi, ce qui ne surprendra personne, puisqu'il s'agit finalement de permettre un mariage. La séduction n'est réellement perverse qu'au regard de cette perversion institutionnalisée, légalisée, qui lui fournit à la fois occasion et raison d'être. Etranger à cette sacralisation de la parole tour à tour interdite et obligée, secrète et officialisée, le non-séducteur (ou le séducteur non-pervers) n'a d'autre identité que celle de la victime muette ; en tant que seulement *séduit*, il peut redéployer les fils tressés de l'amour et de la séduction dans l'élément de la parole.

Sublimation

La théorie des structures existentiales se fonde sur des identifications imaginaires aux quatre places signifiantes de la chaîne de l'inconscient. (Alain Juranville)

La théorie lacanienne du signifiant, qui conduit notamment à un dépassement de l'Œdipe, présente la chaîne inconsciente comme un système quadripartite. Ceci est fondamental, d'après Juranville (*Lacan et la philosophie*, PUF, 1984), si l'on veut saisir les différentes structures psychiques comme étant effectivement articulées entre elles, ce qui implique de faire droit à la perversion et à la sublimation comme deux entités à part entière même si elles paraissent également problématiques. Dans l'optique freudienne, la perversion fut d'abord pensée comme le «négatif» de la névrose ; aujourd'hui encore, elle n'est pas toujours clairement identifiée comme structure autonome, étant d'une part au fondement de tout désir humain et d'autre part présente sous forme de « traits » à la fois dans la névrose et la psychose. Quant à la sublimation, sa théorie semble avortée au motif qu'elle ne serait qu'une forme plus «élevée» de la névrose, ou bien qu'elle resterait marginale au regard justement de la névrose considérée comme seule «normalité» humaine. Quoi qu'il en soit l'existence finie d'un sujet repose sur une identification unique, essentiellement imaginaire, déterminée par une place et une fonction occupées sur la chaîne signifiante, laquelle représente l'ensemble des relations de désir possibles entre humains. En effet, désirer ou signifier, pour l'homme, sont strictement équivalents. Le cadre initial de ces relations est constitué par les trois places du triangle oedipien, *plus une*, comme nous le figure le célèbre schéma L de Lacan. Commençons par cette place supplémentaire introduite par Lacan comme étant celle du phallus : c'est le signifiant «primitif» non verbal, sans signifié (si ce n'est la jouissance indicible), forclos du système symbolique comme tel. L'état qui lui correspond est celui du Sujet non barré ou non castré : seul le *psychotique* peut s'imaginer incarner le phallus, fuyant toute castration et se condamnant du même coup à demeurer hors du langage désirant (ou du désir articulé). Le deuxième signifiant est directement l'autre ('a'), soit l'objet primordial que représente d'emblée la Mère pour le sujet. L'identification imaginaire à la Mère caractérise la *perversion* : elle consiste cette fois à dénier la castration maternelle et, tout en reconnaissant l'existence d'un manque chez celle-ci (la place du père réel étant bien vue), à le croire comblable. Le père réel occupe la troisième place, auquel le sujet trouve à s'identifier comme Idéal-du-moi. C'est pour «avoir» le phallus que le sujet *névrosé* s'accroche à cette place, et aussi pour éviter l'« aphanisis » (donc la castration) que constitue l'incarnation dans l'objet. Mais le véritable Nom-du-Père, c'est le Père symbolique (ou le père mort) qui se trouve en l'Autre comme pure référence du désir de la mère et donc du sujet. Vouloir s'identifier au Père symbolique dans la *sublima-*

tion, au rien qui fonde la loi du langage et du désir, c'est bien reconnaître et assumer la castration (la mort et la finitude), même si toute identification par principe conserve un aspect imaginaire puisqu'on prétend «être» - ne serait-ce qu'un court instant – cette référence purement symbolique. Donc chacune des quatre structures met en place un mode d'évitement de la castration : forclusion pour la psychose, déni pour la perversion, refoulement pour la névrose, dénégation (propre à l'écriture) pour la sublimation. D'autre part chacune fait apparaître dans le réel le signifiant du désir (qui en théorie n'appartient qu'à l'Autre) sous la forme d'une hallucination (un pur réel), un fétiche (objet offert à l'usage), un symptôme (un signifiant inconscient apparaissant dans le monde, présentant le désir comme interdit et la jouissance comme souffrance), une lettre (présentant et différant à la fois le signifiant du désir, ou Nom-du-Père). Cette présentation ultra-systématique de la clinique lacanienne permet un rapprochement spectaculaire entre perversion et sublimation, entre déni et dénégation. Le déni se présente comme une négation de la castration dans l'affirmation extérieure d'un substitut du phallus, selon un processus essentiellement métonymique, tandis que la sublimation inverse cette position en assumant la castration dans l'usage métaphorique (c'est-à-dire négateur : un mot pour un autre) du langage, usage qui conduit à la conceptualité. La construction quadripartite et les correspondances structurelles ne s'arrêtent pas là, car aux quatre places fixes de la chaîne signifiante auxquelles répondent les quatre identifications imaginaires principales, il faut adjoindre maintenant quatre modes différents pour chaque structure de faire apparaître le Nom-du-Père, lequel ne se tient nullement à sa place théorique dans l'Autre. Par exemple on a dit que dans la névrose le sujet se tenait à la place du père réel, soit l'Idéal-du-moi pour le sujet. Si cette identification imaginaire ne change pas, en revanche le lieu d'apparition du Nom-du-Père, ici comme symptôme, se modifie selon qu'on a affaire à un sujet phobique, hystérique ou obsessionnel : respectivement le signifiant du désir apparaît dans l'objet, dans le sujet lui-même, ou dans l'Autre (où il disparaît plutôt pour le sujet). Il reste logiquement une quatrième position, non pour le sujet mais pour le signifiant du désir : celle du phallus lui-même, en-dehors du triangle oedipien. Cette position est rendue possible par la névrose bien qu'elle se situe à la fois en-dedans et en-dehors de celle-ci : il s'agit du transfert, que l'on peut approcher enfin de façon réellement structurelle. Le psychanalyste y occupe la place de l'objet primordial du désir : non pas immédiatement l'objet 'a', mais la Chose elle-même, le corps mythique de la Mère objet de toutes les demandes. Dans la psychose, le sujet se tient à la place insensée et muette du phallus : c'est son identification imaginaire fondamentale. On pourrait en inférer les différentes formes de psychose correspondant aux trois lieux où se présente l'hallucination, qui est le «symptôme» commun de cette structure et qui révèle à sa manière le signifiant forclos. Quant au délire, il peut être mis en parallèle avec le transfert dans la névrose comme tentative d'auto-guérison, voire avec la sublimation dans son rapport avec les trois grandes structures, et peut sans doute être considéré comme la meilleure façon de « faire avec » sa folie. La sublimation, où le sujet s'identifie enfin à l'Autre symbolique, se laisse structurer de la même manière. L'objet y est élevé à la dignité de la Chose, dit Lacan, la lettre se fait œuvre, la pulsion désir, et l'œuvre « ouverte » métaphorise le vide de la Chose. Les trois formes de sublimation et d'œuvre sont, classiquement : l'art, la religion, la science, et par conséquent trois sortes d'écriture. Comme toujours, il faut ajouter un intrus : rien moins que la psychanalyse, dans la mesure où elle seule dit la vérité du désir humain pointé vers la Chose, depuis le sujet-phallus dans sa réalité première, différente du moi, et destinée à la castration par l'épreuve du signifiant verbal. Enfin la structure de la perversion et ses différentes formes ne peuvent que nous apparaître clairement. Rappelons que le sujet pervers est fondamentalement identifié à l'objet primordial maternel, et que sa stratégie désirante consiste ensuite à s'identifier au phallus comme objet imaginaire du désir de la mère. Rappelons ensuite la définition du fétiche comme représentant du Nom-du-Père dans la réalité mondaine, fonction caractérisant la perversion comme structure et donc valant pour ces trois perversions essentielles que sont, d'après Juranville, le narcissisme, le sadisme, et le masochisme. Evidemment l'usage du fétiche – valant pour le phallus - constitue en soi une transgression, une usurpation de la loi du désir, qui devrait rester purement verbale à l'enseigne du Nom-du-Père : mais c'est le père réel qui est provoqué par le pervers, et de ce fait imaginarisé comme s'il était ce père symbolique. Qu'est-ce qui peut bien faire office de transfert, de délire, de psychanalyse, soit de posture excentrée et donc salutaire, pour le pervers ? Toujours la même réponse : le fétichisme. Certes, on peut d'abord considérer le fétiche comme le « symptôme » commun de la perversion, puisque d'une certaine manière le corps propre fait fonction de fétiche dans le masochisme, en position d'objet ; tandis que le tourmenteur sadique apparaît toujours comme objet, bien sûr, et même comme pur objet fétiche (par exemple le fouet), mais depuis la place «subjective» ou «volontaire» de l'agent qu'il occupe ; tandis que le narcissique rejette le signifiant du désir à la place de l'Autre, auquel il s'identifie, et qu'il fétichise (cette collusion imaginaire du sujet et de l'Autre est le fond même de la perversion). Donc, c'est dans l'identification au fétiche que le pervers s'offre dans tous les cas comme objet, «instrument de la jouissance de l'Autre» dit Lacan, et disparaît comme sujet. Donc le terme prend valeur structurale, loin de désigner seulement des pratiques sexuelles extravagantes. Mais dans un autre sens encore, le fétichisme représente bien une structure perverse particulière, en tant qu'organisation stabilisatrice et régulatrice de la jouissance, précisément autour de la jouissance du fétiche. Or celle-ci, par opposition aux autres modes de jouissance perverse, grâce à la médiation de l'objet, admet une indéniable dimension ludique et permet une esthétisation – comme une auto-transgression ou une auto-limitation – de ce mode de jouissance. En partant du sexuel, le fétichisme généralisé peut ainsi emprunter les voies de la création et rejoindre par ce biais les œuvres de la sublimation. Cette collusion entre fétichisme et sublimation est de structure ; elle est posée comme nécessaire par la théorie du signifiant en tant que dialectique quaternaire. On ira même jusqu'à prétendre que la psychanalyse toute entière, en tant que théorie du signifiant, devrait se présenter in fine comme une théorie de la sublimation. Comme l'indique le conditionnel, il s'agit évidemment d'une hypothèse non-psychanalytique (non philosophique, non-esthétique, etc.), qui rabat étrangement la sublimation sur le fétichisme, et non l'inverse, partant du principe que l'œuvre est déjà *pervertie* et fétichisée «en tant que telle», en tant que Chose, ce qui permet effectivement et ultérieurement de sublimer le fétiche.

Signification

En effet, il existe une différence entre signifiant de la loi et signification de la loi. C'est même autour de cette différence que l'on peut dire que le pervers « échappe » à la psychose. (Joël Dor)

Il est intéressant de comparer la psychose et la perversion, car si chacune relève d'implications structurales différentes, c'est le propre de la structure que d'offrir en même temps des potentialités frontalières. De fait, on constate de nombreux comportements pervers chez les sujets psychotiques ; on sait aussi qu'il existe des zones d'ambivalence – le transsexualisme, par exemple – présentant des traits aussi bien pervers que psychotiques. La différence réside dans le sort réservé au signifiant de la loi et surtout à la capacité de celui-ci de faire signification pour le sujet. Ne pas distinguer signifiant et signification, en l'occurrence, relève précisément de la psychose. A qui, ou plutôt à quelle place le sujet réfère-t-il le signifiant de la loi ? Dans le cas du pervers, la loi conserve une signification car elle est encore référée à l'instance paternelle, même s'il faut composer avec la croyance contraire selon laquelle la mère possède le phallus. A la différence du déni, la forclusion caractérisant la psychose ne laisse pas opérer la métaphore du Nom-du-Père qui associe le *signifiant* du Nom-du-Père au *signifié* du désir de la mère. La forclusion est donc précisément l'absence de signification (la métaphorisation initiale), mais non évidemment l'absence du signifiant comme tel. De même, il faut bien supposer que le rejet de la castration par le psychotique suppose de sa part un certain savoir de la castration ; mais ce savoir est rejeté dans l'Autre sans être approprié par le sujet, ce qui se traduit notamment par l'incapacité d'assumer une parole subjective. En un sens la structure perverse est plus complexe car, s'inscrivant dans la signification qu'introduit la référence de la loi à l'instance paternelle, elle hypothèque sérieusement cette attribution en la dévalorisant, en la ramenant à une pure supposition, que les défis et les transgressions permanents ont tôt fait de mettre à l'épreuve. De sorte que l'attribution phallique finit par revenir à la mère sous l'effet d'un court-circuit singulier. Imaginer que la mère possède le phallus, transgresser la loi du père, ce n'est pas ignorer la loi mais au contraire se soumettre à une *version* particulière de celle-ci comme *loi de la jouissance*. Autant dire que le sujet pervers détourne la signification de la loi du désir – c'est le *manque* comme véritable signifié du signifiant phallus – du côté d'une objectivation et d'une réalisation s'avérant hâtive et inadéquate. L'un des destins les plus étranges et paradoxaux du signifiant phallique est atteint avec le cas du transsexualisme : ne pouvant pencher du côté homme ou du côté femme, il est identifié au signifiant de la différences des sexes elle-même, soit un signifiant qui tend à s'auto-signifier, jusqu'à l'absurde. D'une façon générale, le pervers accole une signification trop prégnante au signifiant de la loi, puisque dans son interprétation celle-ci, il se voit *signifier* l'obligation de jouir. Cela dit, il n'a pas tout à fait tort de rejeter la castration inhérente à la loi du désir qui fait du manque (de jouissance) le premier signifié. Dans les deux cas on reste prisonnier de la mystification philosophico-analytique par excellence (commune au psychotique, au pervers et au névrosé) : le mythe d'une jouissance première. N'est-il pas évident que le seul signifié-sans-signification, le seul qui fasse non loi, non commandement et non volonté de jouissance, est précisément le *joui* en tant que terme désignant le réel signifié ? Celui-ci ne «manque» ni au pervers ni au psychotique, lesquels accèdent donc – mais toujours secondairement – à la jouissance.

Sport

La compétition n'est pas seulement une forme socialement organisée du sport, elle en est l'essence même : si ce n'est pas toujours pour vaincre l'adversaire, du moins est-ce pour se dépasser soi-même, repousser les limites du faisable corporel. La sorte d'infini que représente ce hors-limite n'est pas, c'est le moins que l'on puisse dire, de tout repos ; car non seulement il implique d'être premier, de parvenir en tête, mais inscrit encore l'absolue nécessité de réitérer l'exploit, pour conserver un titre, un record, une réputation. La jouissance de la limite est telle qu'elle n'a pas de limite. On touche ici à ce que la psychanalyse désigne par « jouissance », au-delà du principe de plaisir et à travers la souffrance, au-delà aussi de ce qui peut s'énoncer dans le langage. En forçant un peu le pessimisme, on pourrait dire que le dopage n'est pas seulement un tendance circonstancielle des sportifs actuels poussés à commettre l'infraction par des lobbies capitalistes avides de « résultats », confondant de plus en plus sport et publicité, mais qu'il s'inscrit au contraire dans la logique de sport de compétition. Car la jouissance visée par l'acte sportif se situe au-delà des vertus à la fois médicales (le bien-être, la santé) et morales (l'exemplarité, la ténacité, le fair-play, etc.) qu'un certain discours humaniste veut bien attribuer au sport. L'utilitarisme ou le moralisme (celui qui met en avant la «conscience», la liberté de l'athlète de ne pas céder à l'infraction du dopage) ne pèsent pas lourd devant l'irrésistible appel à l'excès et à la démesure, face à la jouissance même de passer la limite... qui conduit beaucoup d'athlètes à enfreindre le règlement. L'expérimentation corporelle, sous toutes ses formes, ne peut qu'échapper de facto à la loi car elle vise un au-delà (ou un en deça) du symbolique ; pire encore, elle peut prétendre à faire loi et s'imposer comme impératif catégorique (comme l'a bien montré Lacan, à propos de Sade et de Kant), car le hors-limite est dans son principe. Cet effet de brouillage de toute règle raisonnable et mesurée explique peut-être les débordements de plus en plus considérables des publics eux-mêmes. La relation sportifs-spectateurs illustre bien ce que Freud appelait « foule à deux », où le moindre geste de l'un est relayé et amplifié par l'autre, où la passion idolâtre des uns pour les autres se transforme chez certains en haine de l'adversaire. Parti jusqu'au bout de lui-même afin de récupérer cette part de réel qui lui manque, cette pureté à jamais perdue, il doit compenser par une réalisation inédite et toujours «supplémentaire», qui s'avère finalement collective. La difficulté consiste à éviter le piège de la jouissance brute, par essence narcissique, et ses effets sociaux de violence. Le sport n'étant pas une forme de sublimation puisque l'objet élevé à la dignité de la Chose est ici le corps propre. Ce qui nous fait pencher plutôt du côté de la perversion masochiste. Il faut donc partir de cette réalité d'un sport *perverti* à la racine, et seulement *pervers* lorsqu'il a pour finalité son propre effort vers ce Corps ultime et scandaleux, cette Chose parfaite livrée au public qu'est finalement le cadavre du sportif épuisé, dopé. Ce qui est à gagner dans le sport, ce ne sont pas tant des médailles et des honneurs que l'assomption d'une forme de castration, la pure reconnaissance des limites (symboliques autant que biologiques) du corps humain, et donc accepter de « perdre ». Le corps n'est pas une machine, mais il ne devient jouissance, éventuellement sur le mode de l'effort et de la compétition, qu'en tant que réellement *perdu* (à) soi-même et toujours déjà vaincu.

Sujet

...C'est le sujet reconstitué de l'aliénation au prix de n'être que l'instrument de la jouissance. (Jacques Lacan)

Il ne suffit pas de dresser la liste des égarements polymorphes de la sexualité humaine pour parvenir au diagnostic de «perversion». La psychanalyse freudienne, puis lacanienne, insiste sur le fait que la perversion est une *position* subjective au même titre que la névrose ou la psychose. Enumérons les quatre découvertes freudiennes à ce «sujet» : 1° distinction de la pulsion, de l'objet pulsionnel, et de la perversion (1905, 1915) ; 2° prépondérance du fantasme dans la perversion, en tant que nouage du sujet et d'un point de jouissance (1919) ; 3° la perversion n'est pas une question, mais une réponse, à la différence de la névrose et notamment de l'hystérie : autrement dit, la perversion n'est pas un symptôme (1920) ; 4° la fin de l'œuvre freudienne isole un mécanisme psychique inconscient où le sujet dit non à la castration, la *verleugnung*, terme traduit par «déni» ou «désaveu» : le sujet pervers est divisé de façon spécifique (1927). Si la catégorie de «sujet» se déduit de l'œuvre freudienne, elle n'y est pas formée : elle apparaît chez Lacan comme sujétion au signifiant, et c'est cette sujétion que refuse le pervers, en même temps que la castration de l'Autre. Lacan montre comment le sujet pervers se «reconstitue de l'aliénation» en ne se référant qu'à un signifiant-maître (S1), auquel il s'identifie, et en se figeant dans la rigidité de l'objet, son « être », qu'il voue à la jouissance de l'Autre. Le fétiche sera construit à partir de cette coalescence du S1 et de l'objet. Des deux opérations d'où surgit le sujet chez Lacan, l'aliénation et la séparation, le pervers se pare et même se remparde de la seconde. Contrairement au névrosé, il choisit l'être plutôt que la pensée, ce qui ne l'empêche pas d'être un sujet, même si c'est un sujet pétrifié. La division, c'est chez l'Autre, qu'il prétend la causer, afin de pouvoir restaurer la plénitude perdue et se faire l'instrument d'une jouissance auquel il s'identifie lui-même. Il prétend être un sujet, un serviteur de la jouissance. Par opposition, la perversion non-freudienne (ou non-perversion) n'est pas une position subjective : elle est parfaitement subjective sans être positionnelle, structurelle, ou différentielle dans une série qui serait celle des «évitements» possibles de la castration. Selon Freud cette position d'évitement serait le déni, bâti sur une identification à l'objet. La perversion non-positionnelle, au contraire, ne connaît qu'une division : celle qui la sépare, en tant que sujet, de la division perverse analytique. Dès lors il n'y a plus déni mais indifférence, rendant possible un usage ou une pratique, disons ludique, de la castration... et de la perversion.

Surmoi

Le surmoi est la marque d'origine de celui qui s'inscrit dans l'impératif et se fait ouïr-jouissant. (Anonyme, in *Traits de perversion dans les structures cliniques*, Navarin, 1990.)

La relation du concept de surmoi à celui de perversion s'effectue d'abord, chez Freud, dans le cadre de la théorie du fantasme névrotique, puis directement en rapport avec le masochisme pervers. Les distinctions de Lacan permettent précisément de différencier les fonctions respectives du surmoi dans la névrose et dans la perversion. Mais d'abord rappelons combien le surmoi relève d'une père-version, à l'envers de ce que Lacan appelle la métaphore paternelle. Le surmoi renvoie à l'identification primaire par incorporation qui convoque le père au titre de père fouettard, de distributeur de volées ou d'engueulades, et surtout proférateur de menaces de castration. Le surmoi et le ça communiquent dans cette figure du père vociférant, inventant littéralement la loi de sa propre jouissance. Le père faiseur de loi, également héritier du complexe d'Œdipe, ne manque pas d'apparaître en même temps comme hors la loi dans sa position de jouissance absolue. A propos du surmoi, remarquons qu'il se présentifie dans la voix en tant qu'objet, de désir ou de jouissance. En tant qu'objet cause de désir, il préside aux destinées de la névrose qui confond l'objet et la demande de l'Autre. En tant qu'objet cause de jouissance, reste mnésique vocal du père démoniaque, il est le pilier du masochisme pervers. Structurellement, le masochisme est toujours concerné par les effets de l'Autre sur la causation du sujet par l'objet 'a'. Par ailleurs, «il ne peut être fondé que sur le point d'incidence de la voix de l'Autre dans l'oreille du sujet» (Lacan). Comment distinguer alors le masochisme moral (et parfois érogène) dans la névrose du masochisme réellement pervers ? Le sujet névrosé reporte sa division dans l'Autre, où l'objet demeure en souffrance, tandis que le sujet pervers se met du côté de l'objet, au service de l'Autre et de sa jouissance. Même s'il peut parfois réaliser son fantasme, il y aura toujours, chez le névrosé, une totale disjonction entre son désir et une volonté de jouissance impuissante chez lui, inopérante, puisque l'objet est abandonné dans l'Autre (alors que le pervers, lui, incarne réellement l'objet par le biais du fétiche). Dans les deux cas, le surmoi prend quand même valeur d'objet, en tentant de préserver qui le désir, qui la jouissance. Dans les deux cas, l'objet 'a' reste la voix paternelle, tantôt signifiantisée dans la névrose (impératif hypothéqué par la demande), tantôt incarnée par le sujet dans la perversion et restituée à l'Autre pour sa jouissance supposée. Et surtout, la voix en tant qu'objet d'« ouïssance », si l'on peut dire, conserve un statut de cause antérieurement à toute répartition névrose/perversion, désir/jouissance. La surmoi est la voix de l'ancêtre au sens d'une antériorité réelle, neutre symboliquement et imaginairement.

Symptôme

On pourrait considérer le trait pervers comme une tentative d'aller à la rencontre de l'objet en coalescence avec le signifiant maître

(S1). (Anonyme, in *Traits de perversion dans les structures cliniques*, Navarin, 1990.)

Nous sommes conduits à nous interroger sur les relations entre le trait de perversion et le symptôme, notamment à travers les aspects phobiques de ce dernier. Par rapport au symptôme en général, l'objet phobique prend d'ailleurs une valeur paradigmatique, de même que le fétiche apparaît comme la manifestation typique des perversions. Il convient ensuite de spécifier le trait pervers, et son usage dans la névrose, de la perversion structurellement organisée. Généralement, le névrosé répond au manque dans l'Autre avec son symptôme, empruntant ce « trait » signifiant à l'idéal du moi. Il pare ainsi à son angoisse. Mais il arrive que le symptôme ne suffise plus face aux manifestations inopinées de la jouissance, risquant de submerger le sujet dans l'angoisse. Il se remparde alors d'un trait pervers, fondé sur l'opération psychique du déni : le manque dans l'Autre étant intolérable, il est bouché par l'objet que vient incarner le sujet lui-même, réduit à une pure pulsion, en dehors de toute symbolisation (à la différence du vécu du symptôme). A ce moment là, le sujet choisit l'être au détriment du sens, évitant ainsi le non-sens et l'angoisse ; l'acte sexuel lui apparaît comme une certitude, la jouissance comme un impératif. Le trait pervers s'érige à partir d'un signifiant-maître redoublant l'idéal-du-moi, et renvoyant à un objet prélevé sur le corps de l'Autre, auquel le sujet s'identifie sans réserve. Il pallie ainsi aux défaillances du Nom-du-Père qui composent sa structure. Cette façon de compenser une perte de sens au moyen d'une identification à l'objet prouve néanmoins que le sujet pervers, parce qu'il est sujet justement, reste attaché à la quête du Nom-du-Père. Cela tend à montrer que l'objet phobique, l'objet-symptôme *en question*, est le corrélat réel du sujet en deçà de son identification au fétiche, et cela donne raison aux théoriciens qui voient dans la phobie le mode de formation initial de l'objet.

Temps

La temporalité, l'historicité du sujet, est celle d'un traumatisme dont le refoulement est proportionnel à l'amour du père. (Gérard Pommier)

Selon Gérard Pommier, le symptôme névrotique s'inscrit dans l'après-coup d'un traumatisme imputable à la constance de l'amour paternel. Le symptôme fait mémoire de cet événement traumatique en même temps qu'il scande l'existence du sujet. Le trauma est proprement le temps de la père-version, un temps mythique où l'amour paternel vient contrebalancer la castration maternelle, mais transfère le manque sur le sujet lui-même. Par son intervention, le père rend vivable cette castration maternelle en la faisant oublier, par conséquent sur le mode d'un premier déni pervers. Le vécu (psychotique) de l'angoisse de castration est lui-même hors du temps, tandis que le manque, le désir, la castration symbolique initient le temps subjectif, l'ouverture de la temporalité du sujet. C'est le temps du désir, modulé par un écart toujours variable entre jouissance et insatisfaction, qui par ailleurs s'écrasent dans le symptôme. Mais entre psychose et névrose, l'origine mythique et père-verse du temps est occultée, refoulée, au même titre que l'amour du père dont le souvenir est insupportable, violent et irrationnel. On passe notre temps, c'est le cas de le dire, à fuir ce temps mythique et nous lui substituons un temps qu'on pourrait qualifier d'utopique. Au mythe de *l'origine du temps*, de l'amour paternel creusant le sillon du désir subjectif, on substitue alors le mythe de *la fin des temps*, qui n'est pas moins pervers que le premier. N'oublions pas que si, dans le mythe, Kronos permet la naissance des enfants en castrant Ouranos (lequel se cramponnait à Gaïa et l'empêchait d'enfanter), et crée par-là l'histoire, il les dévore aussitôt et tente donc de fermer le temps qu'il a ouvert (pour éviter justement les histoires… après). Il n'oublie pas de donner la mort en donnant le temps. L'image de Kronos dévorant ses enfants, reprenant ce qu'il a donné, n'est-elle pas emblématique de la fatalité d'un amour dévorant, celui que les sujets névrosés vouent maintenant à leur père idéal ? Les sujets pervers, eux, ressuscitent franchement le temps du traumatisme, le temps du mythe, qu'il projettent en autant de catastrophes futures et annoncées, imputables naturellement à un père tout puissant et vengeur. Il ne leur reste plus qu'à œuvrer pour un recommencement radical, pour la «renaissance» d'une «race» «pure», pour l'apparition d'un homme «nouveau», etc. Revenons maintenant sur les attendus de départ, sur la départition effectuée entre d'une part l'événement traumatique de l'amour paternel, en lui-même mythique et hors du temps, et d'autre part l'instauration du temps subjectif par l'intervention du même père, conduisant à la castration symbolique. Faisons le geste de désolidariser l'origine mythique du temps, soit la jouissance paternelle, et la temporalité désirante du sujet qui, à force d'utopie, peut très bien se faire délirante. Si la psychose est le retour du réel dans une dilatation-contraction insupportable du temps, synonyme d'angoisse, la *solution du sujet* n'est-elle pas dans la réinvention du temps de l'amour ou de la jouissance paternelle, comme temps pervers tourné réellement «vers» la jouissance (et non vers le père, comme dans la névrose ou la perversion « clinique ») ? Ainsi le temps de la jouissance n'est plus mythique et la jouissance du temps n'a plus rien d'une utopie.

Totalitarisme

La différence entre le totalitarisme de droite et celui de gauche est liée précisément, au fait que dans le premier cas, le fétiche se trouve du côté de l'autre, de l'ennemi, tandis que dans le deuxième cas, le fétiche, c'est notre position elle-même. (Slavoj Zizek)

Si la qualification de « perverse » peut s'appliquer à un discours ou une structure politique, voire à une idéologie, il faut pouvoir y repérer au moins la place d'un élément fonctionnant comme fétiche. Si l'on prend d'abord le cas du totalitarisme de droite, le fascisme, c'est le « juif » qui manifestement en tient lieu. Comme tout fétiche, il a pour fonction de masquer et en même temps de dévoiler quelque chose, en l'occurrence l'élément historiquement discordant, ici appelé «juif», ailleurs «lutte des classes», brisant l'harmonie mythique d'une société organiquement, globalement constituée. Pour un fasciste, le juif est un *Alien* redoutable, grand responsable du désordre social et de la décadence historique de l'Occident. Il l'est une première fois en ce qu'il peut incarner, dans l'imagerie populaire, la plèbe la plus repoussante et la plus marginale, terreau potentiel des révoltes et des révolutions ; il l'est à nouveau quand il a «réussi», quand il règne comme une « main invisible » sur le négoce et la finance, collaborant au capitalisme international et libéral, fossoyeur des nations. Le fétiche «juif» constitue donc un désaveu paradoxal, un démenti à cette « castration » sociale élémentaire (en occident et ailleurs) qu'est la différence et la lutte des classes. La perversion fasciste est politiquement (puisqu'on ne peut pas dire «cliniquement») plus caractérisée ou plus grave que les perversions nationalistes ou capitalistes-mondialistes, en ceci que la constitution du fétiche s'est portée sur des hommes et une race, comportant intrinsèquement une logique de meurtre, et non plus seulement sur le maître personnel (société traditionnelle) ou sur la marchandise (société capitaliste). Passons au totalitarisme de gauche, au premier rang duquel le stalinisme. Voyons pourquoi, selon Zizek, la position du fétiche n'y est pas extérieure et xénophobe, mais intérieure et narcissique. La fétichisation se place en l'occurrence sur le terrain, politiquement miné, de la représentation : le Parti-fétiche est censé représenter à lui tout seul l'universalité des masses et de la classe ouvrière. Il dénie, il ne tient pas compte de la différence exigible en droit entre cet universel comme tout et le pas-tout empirique de ces mêmes masses. Le Parti communiste, composé de militants d'une «facture à part», selon Lénine, se place de manière à obturer la différence entre militants et masses, c'est-à-dire finalement bureaucratie dominante et peuple dominé. Les membres du Parti (et pire encore, du Bureau) sont à la fois en-dehors et au milieu du peuple, exceptionnels et ordinaires, dominants et dominés, sadiques et masochistes. Il est clair que le Parti n'œuvre pas uniquement pour lui-même, par exemple pour la jouissance du pouvoir, mais selon la volonté d'une puissance plus considérable – l'Histoire et ses «lois objectives» -, comme instrument d'une jouissance Autre incluant les heurts et malheurs du peuple soviétique. Comme tout sujet sadique, le Parti protège sa propre division et sa propre contradiction, en les reportant sur l'autre, sa victime : il lui fait comprendre - en le détruisant d'abord, car l'Histoire (grand Autre) est une mangeuse d'hommes - que toute contestation individuelle est illusoire, injuste, et illogique, puisque le Parti agit finalement au nom du peuple en toute légitimité. Bref, qu'il soit représenté par une totalité sociale organique, dans le cas du fascisme, ou par une vision globalisante de l'Histoire, avec le communisme, l'Autre-Un du totalitarisme dénie l'existence et plus encore le droit à l'existence des multiplicités unaires. Pourquoi ne pas rappeler, maintenant, la caractéristique perverse de toute politique en tant qu'incapable de voir et de concevoir l'Individu ? L'Individu réel est la bête noire de la politique, d'autant plus que l'Un-universel ou l'Un-totalité demeure son fantasme et plus précisément son fétiche le plus courant (l'Homme et le Citoyen, le Peuple, la Nation, la Race, les Masses, le Capital, etc.). En rappelant que le fétiche est Un, ou une modalité de l'Un, on soustrait précisément l'Un réel – en tant qu'Un radicalement - à la logique représentationnelle en général du fétiche, où l'Un est toujours une représentation de l'Autre (le fétiche, extrait de l'Autre, représente le sujet qui, en tant que pervers, s'identifie à l'Autre, etc.). Il ne s'agit nullement de banaliser le totalitarisme en le noyant dans une approche obscurantiste de la politique, tant il est vrai que tous les régimes ne se valent pas et qu'il y a des degrés dans la perversion ; il s'agit de l'unilatéraliser, de l'isoler et de le bannir de l'Histoire en le rapportant malgré lui à sa cause individuale : à chaque fois il se dénonce lui-même dans le rejet phobique, et la reconstitution en fétiche, de cette cause.

Trait primaire

Une des composantes de la fonction sexuelle aurait devancé les autres dans le développement, se serait rendue précocement indépendante, se serait fixée et par là soustraite aux processus ultérieurs du développement, mais en donnant ainsi un témoignage de la constitution particulière et anormale de la personne. (Sigmund Freud)

Que Freud choisisse un fantasme avoué par des névrosés («un enfant est battu»), et non par des pervers, pour expliquer la genèse des perversions n'est pas anodin. Cela prouve : 1° que la perversion est une spécificité structurelle et subjective, logiquement déterminée ; 2° qu'elle est justement abordable par le fantasme, et non directement par les pratiques sexuelles des patients ; 3° que le fantasme est construit, et non spontané (ou réductible à une composante pulsionnelle), faisant le lit de la pulsion. Il se trouve que «un enfant est battu» correspond, selon Freud, à la phase terminale d'une telle élaboration, supposant l'organisation psychique de l'Oedipe et donc inscription d'une «position subjective». Problématique oedipienne dont le «trait pervers» constitue l'une des séquelles, l'une des cicatrices possibles. Freud qualifie ce trait de «primaire» («trait primaire de perversion») qui trouve son origine dans une fixation infantile, c'est-à-dire fixation à un fantasme infantile. Mais sa réalité est complexe et peut se déployer en trois ph(r)ases, incluant bien la dimension oedipienne. 1° «Le père bat l'enfant... haï par moi». Priées de se «remémorer», les patientes de Freud remontent généralement à cette première étape, qui fait nettement référence au père, et inscrit le sujet dans un rapport de concurrence et de haine avec les autres enfants. Cette phrase concluant sur le «soi», on dira avec Lacan qu'elle reflète la structure du «sujet assertif». 2° «Je suis battue par le père». Après le temps de l'amour incestueux, on passe logiquement à une phase masochiste qu'on peut interpréter comme une expression du sentiment de culpabilité. Noter que cette phase est logiquement (re)construite par l'analyse, mais qu'elle n'est jamais remémorée. Freud y voit l'essence même du masochisme (pervers) dans sa dimension érotique propre, c'est-à-dire au-delà de l'image de la punition (de l'autre), le surinvestissement libidinal de la conscience de culpabilité, et le passage à l'acte (onanistique) comme substitut de la relation prohibée. Le sujet de cette phrase sera dit «indéfini», ou ambivalent, pour souligner le caractère essentiellement imaginaire et duel de cette relation à l'autre (le père déchu de sa place symbolique redevient «semblable»). 3° Enfin «un enfant est battu» est la phrase clairement énoncée, sinon facilement avouée, du fantasme de nombreux sujets névrosés (selon Freud). Ni le père ni le moi ne reparaissent dans cette formulation à l'aspect par conséquent seulement sadique. Mais précisément, seule la formulation du fantasme est sadique ; la satisfaction éprouvée reste masochiste. En effet, seule compte la position du sujet en cette affaire, réduit au «on» impersonnel et réifié du point de regard, celui qui assiste à la scène. La dimension foncièrement imaginaire du fantasme (pouvant induire bien sûr, chez les sujets pervers, des pratiques réelles) apparaît bien dans cette troisième phase. Mais elle apparaît aussi comme la conséquence d'une chaîne symbolique, celle qui s'arrête précisément sur «l'image» anonyme, indépassable, indéfiniment réitérable, d'un «enfant que l'on bat». C'est pourquoi un processus repéré ici comme formation fantasmatique mérite l'appellation de «trait primaire» : toute inscription subjective (en termes de « fixation », d'« identification », de « position », etc.) correspond à un trait logique d'abord purement différentiel, dont l'image de l'enfant battu voire la phrase entière du fantasme sont des matérialisations. Cependant le terme de «primaire», comme chez Lacan d'«unaire», occulte malencontreusement un réel, celui précisément que le terme *battu* indique sous sa forme passive. On ne veut pas dire que le père bat réellement et nécessairement un enfant, mais bien qu'un enfant est *battu* : ce dernier terme, en tant que terme (-Un) et non en tant que trait (-Autre : limite ou différence), pas même comme résidu d'action (impliquant sujet, victime, circonstances...), précède toute élaboration fantasmatique pour un sujet et lui sert en même temps de cause réelle.

Trace

Le pervers, quant à lui, tente d'inscrire des traces qui ne soient pas effaçables. Par son scénario, il vise à colmater la faille de l'inscription. (André Michels)

Dans ses premières élaborations théoriques concernant l'appareil psychique, Freud décrit la mémoire comme une superposition de couches d'écritures perpétuellement modifiées et retranscrites, de telle sorte que nous n'avons jamais accès aux traces mnésiques «originaires», pas avant qu'elle ne fasse vraiment inscription pour un sujet. Non seulement toute subjectivation se trouve étroitement liée au mode d'inscription et de réinscription de ces traces, mais la castration elle-même en dépend ainsi que la manière dont le sujet tente de s'en préserver, soit ce qu'on appelle habituellement sa structure. Il faut bien comprendre qu'au niveau où intervient l'inscription proprement dite, celui du refoulement primaire, l'enjeu n'est rien moins que la conception du sujet par une amputation dont l'Autre est la cause, un trouage dont la trace témoigne négativement ; à ce niveau il n'y a de trace que de ce qui est irrémédiablement perdu. Cela ne veut pas dire que toute trace fasse inscription, encore moins révélation ; l'écriture du sujet se fait le plus souvent à côté, parce qu'elle est toujours d'emblée réécriture. Autrement dit, l'inscription n'est elle-même accessible qu'au moyen d'une traduction qui est interprétation. Au niveau des structures psychiques, l'écriture est diversement problématique à proportion des difficultés de traduction, et dans la mesure où le sujet, comme incapable d'oublier, se voit contraint de repasser inlassablement par le même sillon. Cependant l'oubli a toujours lieu, aussi des mécanismes se mettent en place comme le refoulement ou la forclusion, justement pour pallier l'absence de traduction. Il est certain que le névrosé tente de traduire et d'interpréter des traces inconscientes qui, tout en étant effacées, insistent comme telles lourdement et douloureusement, ramenant le sujet au même point de départ. Cependant le corps se laisse ici trouer, découper par la trace, dût-il le payer d'un symptôme, et conserve son unité grâce à la négativation d'une de ses parties. A défaut de toute traduction, on ne pourrait même confirmer rétroactivement l'inscription du sujet. C'est ce qui se passe pour le psychotique, investissant le symbolique comme un corps lisse, non troué, à partir duquel aucune inscription n'est jouable. Des traces, il y en a pourtant, mais au lieu de former le bord d'un trou elles se replient sur elles-mêmes, se condensent, forment ces irruptions de jouissance qu'illustrent les phénomènes dits psychosomatiques et qui, dans le cas du psychotique, peuvent apparaître comme dissociant. Venons-en à ce qui nous intéresse, le rapport particulier du pervers à la trace et à l'inscription. Pour fonctionner comme telle, et permettre l'inscription, une trace doit toujours être effaçable. Or le pervers tente précisément de produire des traces ineffaçables. En effet il ne veut rien savoir de la rature qui équivaudrait à une subjectivation, à une perte irréparable : il préfère dans un premier temps la reporter en l'Autre, en provoquant son effroi par exemple, ou sa plainte. Puis il s'identifie à celui qui, porteur d'une inscription unique, va compenser les dégâts causés par la pensée et la symbolisation : il lui oppose la matérialité d'une marque ou d'une forme qui, en tant que trace ineffaçable, n'est pas une trace mais déjà un fétiche, condition absolue de sa propre jouissance. Le pervers évite par principe, en ce qui le concerne, tout engagement lié à la lettre, à la signature : il préfère payer en liquide, il ne reconnaît jamais ses dettes. Il n'est jamais comptable de ses actes, n'est jamais responsable de rien. Pourtant il y a bien une inscription, ou une tentative d'inscription en quelque sorte «anonyme» derrière ses mises en scène : il est le mauvais, le toxico, le voleur ou autre, soumis de fait à quelque surmoi furieux qui l'épingle et l'interpelle, le sur-nomme, fétichise son nom. La complétude de l'Autre, bien ancrée sur des racines elles-mêmes fétichisées, n'est autre que le corps social fantasmé comme ordonné et parfait, où le destin de chacun apparaît tout «tracé». Cependant le pervers s'attache à la trace au point de la matérialiser, mais pas réellement au tracé. Il est faux que ce dernier évoque ou retrace une perte, se propose au sujet comme inscription et traduction, puisqu'il est (en) lui-même irrémédiablement perdu et inscrit, déjà traduit. En tant qu'Un, le tracé ne renvoie pas spécialement à une absence ; par contre la trace est effectivement un rapport duel à l'Autre absent, et ce rapport(-sans rapport) se nomme aussi Sujet. En tant que déterminé par le *tracé* réel et Un d'avant la trace, tracé évidemment ineffaçable, le Sujet manifeste là un trait pervers essentiel ; mais, à la différence du pervers ordinaire, il ne fétichise pas la trace puisqu'il ne se fétichise pas lui-même.

Transe

La fonction civile de toute transe, fût-elle Vaudou, est de créer dans le corps et l'âme, un milieu favorable à la récupération de l'inhumain dans l'humain. (Denis Duclos)

Toute création a bien pour fonction de faire transiter des affects plus ou moins violents, de la réalité vers la fiction, puis en retour de la fiction vers la réalité. D'où la question rebattue de savoir si la multiplication et le réalisme de la violence dans l'art peut ou non favoriser le passage à l'acte chez certains sujets. On peut penser que l'accent porté sur le signifiant, plutôt que sur le signifié ou pire sur la «chose» brute permet justement de transformer la violence. Bien sûr la pauvreté et la répétition obsessionnelle de la forme peut, comme dans les fameuses séries «Z», être un élément de reconnaissance esthétique et de raffinement pour «connaisseurs». Mais dans les autres cas, c'est bien l'académisme de la forme qui fait violence tout en faisant injure à l'art. L'art ne fait alors qu'imiter la «nature», comme on disait autrefois, en reproduisant des codes sociaux simplifiés : ravie de l'honneur qu'on lui fait, la société-nature ne fait alors qu'en remettre. Une autre question est de savoir pourquoi, invariablement, ce sont les mêmes mythes et les mêmes fantasmes qui transitent d'une époque à l'autre, spécialement ceux qui expriment une certaine barbarie. Réponse plausible : ce que l'art transporte n'est autre que la transe elle-même. La transe est la clef de l'anthropologie, puisqu'elle figure l'opération par laquelle l'humain se fait humain en passant par l'animal et en faisant passer l'animal en lui : c'est un langage muet qui, en simulant le passage d'un état à un autre (mettant du coup le sujet «dans tous ses états»), témoigne surtout d'un saut symbolique décisif. Un mythe figure à merveille la valeur ambiguë de la transe : celui du loup-garou. L'ambivalence réside aussi bien dans l'interprétation du mythe (et donc dans son traitement esthétique) : en lui-même, le loup-garou n'a guère d'intérêt s'il n'exprime que l'alternance compulsionnelle de deux états hétérogènes. La transe doit être elle-même transgressive, elle ne doit pas s'arrêter au caractère cyclique et bilatéral des trans-formations, ou à l'alternance narrative du naturel et du surnaturel. Elle ne doit pas non plus se figer, comme chez les patientes hystériques (sous le contrôle) de Charcot, en une attitude pointant en l'occurrence le refoulement du sexuel. La transe ne saurait se passer de danse ; par conséquent, aucune valeur sociale ou interprétative ne peut l'investir réellement. Mais d'autre part, la vraie transgression tient au caractère anté-expressif et anté-communicatif de la transe, dont la condition réelle est un *transi* humain sans origine et sans relation, antérieur à toute *transition* par l'animalité.

Transfert

Si nous partons du fait que le choix de la jouissance ne peut se modifier dans la perversion (...), que peut-on obtenir d'une perversion à partir de l'expérience d'une analyse ? (Gustavo Dessal-Piedad Ruiz)

L'inquiétude chronique des Etats et des opinions publiques face à la progression supposée des crimes et des délits sexuels s'accompagne de doutes et d'interrogations sur une éventuelle complicité du pouvoir avec le Mal : impossible d'évoquer le cas Dutroux, par exemple, sans s'interroger parallèlement sur la corruption et l'impuissance de l'Etat belge. On sait que le ressort de la perversion tient au défi que ces sujets lancent à l'ordre du maître, qu'il soit moral ou institutionnel, un défi qui se transforme en jouissance lorsque la publicité faite autour de leurs actes suscite l'angoisse de la population. La psychanalyse doit relever ce défi si elle ne veut pas devenir complice d'une tendance à la transparence, valant comme confession voire comme rédemption pour les criminels sexuels. Dans ce chorus, la psychanalyse a pour vocation d'articuler clairement éthique et clinique, s'il est vrai qu'elle inverse le discours du maître. Fort de son identification à l'objet pulsionnel, qui caractérise sa structure subjective dans le fantasme, le pervers se présente comme un maître autodidacte du désir et de la jouissance ignorant sa propre aliénation à une volonté absolue, dont il n'est que l'instrument et l'assistant zélé. L'Autre prend chez lui signification et consistance d'être un sujet-supposé-jouir – auquel il s'identifie imaginairement – absolument distinct du sujet-supposé-savoir qui, dans la névrose, soutient la possibilité du transfert analytique. Le transfert de la fonction de l'objet petit 'a' à l'Autre n'est pas comparable avec la restitution imaginaire de ce même objet à l'Autre, afin d'assurer sa jouissance. Dans le second cas, le sujet pervers ne suppose aucunement le savoir inconscient à l'Autre, incarné par l'analyste, dont il usurpe plutôt la place et qu'il tente de rallier à sa cause. Malgré tout une forme de supposition existe et l'on peut l'analyste, dont il usurpe plutôt la place et qu'il tente de rallier à sa cause. Malgré tout une forme de supposition existe et l'on peut supposer, si l'on ose dire, qu'elle est suffisamment dialectisable pour que le désir de l'analyste se fasse entendre d'une manière ou d'une autre dans le cours des entretiens. C'est le cas à partir du moment où certains sujets, ceux qui précisément se présentent chez un psychanalyste, éprouvent dans leur vécu une forme de gêne, sinon de doute, d'inconfort ou d'insatisfaction dans leur mode de jouissance. Il arrive que le fantasme ne suffise pas à combler le manque dans l'Autre. Contrairement à l'irresponsabilité notoire des «experts» qui sévissent auprès des tribunaux, il ne s'agit aucunement d'ignorer ou prétendre modifier la structure mais au contraire de responsabiliser le sujet en identifiant fermement cette structure avec son mode de jouissance propre, dans le sens d'une autorisation subjective et d'une limitation de cette jouissance et non plus d'une aliénation ne pouvant conduire qu'à la transgression. Pour parler plus «techniquement», rappelons que l'objectif d'une cure est de rendre vivable un symptôme (voire le «tourner à son avantage») via la traversée du fantasme qui le soutient. Or si le pervers est un sujet, comme le rappelle Lacan, qui interroge à sa manière le désir de l'Autre, ne serait-ce qu'en le simplifiant en volonté de jouissance, la traversée du fantasme est effective, ou peut paraître imminente, chez certains pervers qui en fournissent ainsi l'épure (comme le divin marquis à travers son œuvre). Cela permet en même temps à l'individu de trouver une limite, un point d'arrêt à ses pratiques perverses dans l'existence. Pour qu'un transfert ait lieu dans la cure, il est important que l'analyste ne tombe pas dans le piège que lui tend, bien involontairement, le sujet pervers, et sans s'y opposer non plus. Il ne doit pas faire couple avec lui, en évitant de se laisser diviser (en position de $), et en ne laissant pas l'efficience du 'a' au seul pervers. Car de cette place, le sujet tentera de fouiller la jouissance de l'analyste et d'en démonter les mécanismes, afin d'y trouver confirmation de son fantasme : l'Autre jouit, grâce à moi. En supposant possible une traversée, au moins partielle, de ce fantasme, on peut conduire le pervers à s'interroger sur la réalité d'une telle jouissance et à deviner ce qu'il ne sait pas. Car il ne sait pas – sauf dans son fantasme inconscient – qu'il n'est, en tant que sujet, que l'instrument de la jouissance de l'Autre ; il ne sait même pas qu'il cherche à provoquer cette jouissance, lorsqu'il s'acharne (dans le cas du sadique) à causer l'angoisse de l'Autre, ou à l'inverse qu'il recherche l'angoisse de l'Autre (en tant que masochiste) alors qu'il s'offre à sa jouissance ; enfin il ne sait pas le caractère irréel, et passablement ridicule, de cette solution fantasmatique à l'énigme de la jouissance de l'Autre. On pourrait alors se demander si la solution ne serait pas de névrotiser le pervers, pour le conduire précisément à la question du désir. Or il n'en est rien, car analyser les traits névrotiques éventuellement suscités dans le courant de la cure ne constitue pas une finalité suffisante. Dans le cas du pervers, il ne s'agit pas de parvenir à la destitution d'un sujet supposé savoir, qui n'existe pas, mais d'un sujet supposé jouir. Cela dit, l'abandon d'un ancrage subjectif en 'a', dans la cure, peut très bien être précédé voire causé par des irruptions phobiques ou symptômales, ne constituant qu'une série d'étapes nécessaires. Ces manifestations sont indicatives du point où, chez le sujet, le désir se noue malgré tout à la Loi. On ne peut pas déserter comme cela, abandonner une position perverse. Il faut simplement que la jouissance perverse soit amenée au point où elle est compatible avec la coupure de la Loi, la loi du désir pour commencer. C'est-à-dire qu'au lieu de cette jouissance supposée d'un tout imaginaire, cette volonté de jouissance illimitée, cette compulsion infernale à la répétition, qu'elle devienne une jouissance de la limite, de la coupure de la Loi. Afin que soit restituer à l'Autre, non plus l'unique objet fétichisé, ce que l'on peut appeler un insigne dans son rapport avec le S1, mais un nouveau trait brisant cette conjonction a/S1 d'où peut émerger un savoir inédit comme une nouvelle jouissance. La perversion analysée, *transférée* «en» analyse, substitue au savoir supposé de la jouissance une jouissance au savoir partagé avec l'analyste.

Transgression

Il n'est pas de moyen plus opportun de s'assurer de l'existence de la Loi qu'en s'efforçant de transgresser les interdits, et les lois qui les instituent symboliquement. (Joël Dor)

La loi que le pervers transgresse doit s'entendre avant tout comme la loi du désir. En effet, celle-ci suppose deux aspects réprouvés par le sujet pervers : la castration maternelle et le désir de la mère pour le père. A quoi il voudrait bien opposer d'une part la jouissance éternelle et autonome de la mère, affranchie du désir de l'autre, d'autre part sa propre réalité d'objet unique du désir maternel. Toute loi fondée sur un manque, instituant une limite, opposant un interdit, est justement perçue comme la condition même du *désir de l'autre*. Très logiquement, le père est considéré comme le grand responsable de ce fourvoiement du désir de la mère, substituant au fait de la jouissance la loi inique du langage, de la demande, du signifiant. Deux stratégies se répondent et se complètent alors dans le cadre d'une conformation perverse : le défi (ou la dérision) dans l'ordre du langage, et la transgression dans le réel. Il ne faut jamais perdre de vue que, d'une certaine façon, la transgression vaut pour reconnaissance de la loi : ce n'est pas la loi elle-même qui est ignorée mais sa signification, c'est-à-dire qu'elle est connue sans être *crue*. Deux circonstances favorisent pareille posture à l'égard de la loi : d'une part la complicité libidinale de la mère, d'autre part la complaisance silencieuse du père. Le père n'est pas réduit au silence ou radicalement absent, comme dans le cas des mères psychotisantes totalement « hors-la-loi » ; simplement il se tait sur l'essentiel, cautionnant les manœuvres séductrices de la mère à l'endroit de l'enfant, quand bien même serait-il le héraut d'un formalisme totalitaire ou d'un rigorisme moral d'autant moins convaincant. L'une des conséquences du clivage du sujet pervers, capable de se représenter une chose et son contraire, par exemple la mère non manquante et la mère castrée, consiste à réduire la femme tour à tour au rang d'idéal féminin intouchable et de prostituée répugnante. Celle-ci incarnant la sexualité et donc la castration dans toute son horreur sera méprisée ou sadisée ; celle-là dans le réel ne pouvant que déchoir de son piédestal, finira elle-même par être délaissée et vouée aux gémonies. Il convient ici de bien repérer les caractéristiques exactes de la transgression perverse, afin de ne pas les confondre avec certaines conduites elles-mêmes transgressives dans l'obsession ou l'hystérie. Par exemple l'obsessionnel peut développer un culte révérencieux à l'endroit des femmes frôlant l'idolâtrie, qui n'est pas sans rappeler le fantasme de la femme phallique toute puissante chez le pervers. Il convient, pour le sujet obsessionnel, de maintenir à distance l'objet féminin, voire de le mettre « en conserve » afin d'étouffer en lui toute dynamique désirante. L'obsessionnel s'emploie à momifier et à rendre non désirant l'objet féminin idéalisé, mais là où cette action « réussit » chez le pervers grâce à un certain nombre de subterfuges, lui s'épuise à *devoir* replâtrer un idéal qui relève plus de la nostalgie que de l'actualité, à cause de l' « indiscipline » bien prévisible de l'objet qui ne se laisse en rien momifier ! Il arrive que la fuite en avant (le fait de ne rien vouloir en savoir) qui caractérise l'attitude obsessionnelle face au désir, se traduise par des comportements que l'on peut qualifier de pervers, où le sujet se trouve rattrapé ou même débordé par son désir. Mais cela reste souvent sans conséquence et surtout il manque à ces actes le caractère de défi propre à la véritable transgression perverse. Venons-en au cas de l'homme hystérique. Celui-ci cultive l'image d'un objet féminin précieux et infiniment offerte au désir de l'autre. La femme doit être désirante et *désirable mais pas trop*, suffisamment pour que son admirateur puisse l'ériger au rang d'objet phallique (un peu comme dans l'amour courtois), ce qui le dispense d'avoir à assumer pour lui-même l'attribution phallique, mais pas au point que cet objet lui échappe précisément parce qu'il aurait pour charge de la faire jouir. L'envahissement de l'amour provoque concurremment l'échec du désir, et se traduit classiquement par des symptôme d'insatisfaction tels que l'impuissance ou l'éjaculation précoce. Cette tendance à l'insatisfaction suffit à le différencier de toute structure perverse, même si l'ambiguïté vécue quant à l'identité sexuelle du sujet peut se manifester par une mise en scène homosexuelle. La dimension du semblant est d'ailleurs essentielle chez le sujet hystérique : c'est pourquoi les tendances perverses apparaissent volontiers sur le mode du défi (proclamatoire, contestataire, etc.) et pratiquement jamais sur le mode de la transgression réelle. Celle-ci est donc réservée au sujet pervers qui en visant la loi du père, en la ridiculisant, veut surtout annihiler le désir de la mère en lui procurant une jouissance éternelle. C'est bien pourquoi il passe les bornes, transgresse les limites, mais – c'est sa propre limite et sa contradiction – en faisant le père à son tour puisqu'il instaure par-là même une nouvelle loi, en réalité très ancienne, une loi naturelle censément supérieure à la loi symbolique. Le postulat pervers est celui d'une usurpation originelle, et donc d'une transgression supposée de la loi de la jouissance, beaucoup plus que celui d'une jouissance conçue directement comme transgressive. Le pervers devrait donc radicaliser sa position, admettre que jouissance et transgression ne font qu'une dans la jouissance même de la loi (toujours comme loi du père). S'il savait combien celle-ci est réellement usurpée et *transgressée*, il ne chercherait pas à la provoquer et finalement à la conforter imaginairement.

Transmutation

De l'horrible au sacré, de l'idéal à l'abjection, l'on glisse sans solution de continuité, comme on passe d'une face à l'autre d'une bande de Moebius, sans franchir aucun bord. (Catherine Millot)

Ce terme de « transmutation » est utilisé par Catherine Millot (*Gide, genet, Mishima. Intelligence de la perversion*, Gallimard, 1996) pour définir proprement l'opération perverse en tant qu'elle s'effectue par l'écriture. Il ne suffit donc pas d'affirmer un lien entre la disposition perverse d'un sujet, voire ses pratiques déviantes socialement, et son expression littéraire avec ses particularités de style. Une telle conséquence s'impose d'elle-même, mais elle ne dit pas en quoi l'écriture en tant que telle peut être qualifiée de perverse. Il suffit de lire Genet, par exemple, pour s'apercevoir que l'écriture permet une transfiguration de l'abjection en son contraire, un passage de l'objet déchet vers une beauté idéale. L'écrivain pervers, à la différence du simple sujet « victime » de sa perversion, si l'on peut dire, s'intéresse par définition à la langue soutenant les fantasmes et les passages à l'acte qualifiés de pervers. Sur ce matériau, l'art poétique accentue et relance l'œuvre de la métonymie ; le lien entre cette figure et la structure fétichiste, notamment, apparaît clairement. Littéralement, autant que littérairement, le fétichisme opère à rebours du narcissisme : en dévoyant les traits identificatoires, uniques et aliénants, dans le sens d'une dissémination où le sujet ne se repère – en se destituant - que dans la coupure, la différence, le relais vers cet Autre par excellence qu'est le lecteur. La structure de la perversion ne consiste donc pas seulement dans le désaveu, le démenti (*Verleugnung*), la négation de la castration, comme Freud lui-même l'avait déjà remarqué. Elle ne réside pas non plus uniquement dans la division du sujet, précisément entre un pôle de désir (*Wunsch*) et un pôle constitué par la réalité (l'absence du pénis maternel). La perversion s'appuie aussi bien et surtout sur l'aveu du désaveu en question, et culmine dans la jouissance consistant à exprimer la déviance, le manque, le ratage spectaculaire de la jouissance sexuelle. C'est ce qu'attend au-delà de tout espoir l'exhibitionniste : dire à tous son désir de l'objet regard, ce qui ne peut qu'infinitiser ce désir. A cet égard, quelle jouissance, quelle exhibition la littérature ! On ne dira pas que l'écrivain «sublime» ou dépasse sa perversion dans son œuvre, mais plutôt qu'il pervertit la littérature ou fait de la littérature une perversion. En termes métapsychologiques, la division du sujet prend alors « consistance » dans l'imaginaire, elle devient transmutation. Force revient au «moi» et à sa *Spaltung* propre (le « clivage du moi » est alors à distinguer de la « division subjective »), consistant comme on l'a dit dans l'imaginaire à l'œuvre.

Transvestisme

Le travesti va pousser encore plus loin la récusation de cette attribution phallique. Il va se constituer, lui même, dans une représentation fantasmatique de ce que la mère (et la femme) doit avoir. (Joël Dor)

Tout comme les transsexuels, les «vrais» travestis sont des hommes. Mais à la différence des premiers, ceux-ci ne rejettent pas leur identité sexuelle masculine puisqu'il s'installent plutôt dans la bisexualité, et jouissent d'une division caractéristique à tous les pervers. C'est cette distinction entre transsexualisme et transvestisme qui compte, beaucoup plus que la répartition secondaire faite habituellement entre 1° les travestis hétérosexuels, qui s'habillent en femme exclusivement dans le cadre de l'acte sexuel et sa préparation, et qui s'apparentent aux fétichistes ; 2° les travestis exhibitionnistes qui jouent sur le registre de l'extravagance et du spectacle, et atteignent leur jouissance dans l'acte du dévoilement ; 3° les travestis homosexuels, souvent prostitués (et parfois transformés pour des besoins commerciaux), qui exacerbent et parodient la dimension séductrice d'une féminité stéréotypée. Donc, contrairement au transsexuel, le travesti n'est pas directement identifié à la mère, mais à son phallus imaginaire ; récusant l'attribution phallique du père, il se fait lui-même phallus au moyen du vêtement, et porte celui-ci « comme » une femme, c'est-à-dire comme il s'imagine qu'une femme doit le porter. En tant qu'homme lui-même, il ne fait qu'hyper-représenter la représentation masculine du féminin et sa fantasmatique «sexy». Le travesti ne peut approcher le féminin que par le biais de la séduction, en l'occurrence par la séduction *des signes de la féminité* eux-mêmes (que cela soit la parure ou les « formes »), puisque généralement la manœuvre ne vise pas à séduire l'autre (homo ou hétéro) mais soi-même dans le miroir... L'assortiment d'une séduction fascinée et généralisée avec la parodie excentrique du féminin constitue la manière d'être la plus courante du travesti. Au plan inconscient, il s'agit toujours d'une défense devant l'angoisse de castration et un déni de l'absence du pénis maternel. Le vêtement féminin vient métaphoriser ce déni dans la mesure où il voile/dévoile le sujet comme porteur dudit pénis, *malgré* une apparence de femme (« je sais bien, mais quand même »). Contrairement au fétichiste, il ne cherche pas à cacher l'absence de pénis maternel en arborant un objet écran, mais à dissimuler son propre pénis derrière une mascarade vestimentaire et même corporelle qui doit assurer au maximum *l'apparence* du féminin. Paradoxe : si logiquement le travesti vise à conformer sa réalité avec l'imaginaire d'une féminité non castrée, c'est toute l'esthétique féminine qui est ici utilisée et « pervertie » à seule fin de nier le réel de la différence sexuelle. Mais la posture réellement féminine consiste ordinairement à pervertir, littéralement à *parer* cette représentation exclusivement phallique du féminin. Toute femme qui n'est « pas-toute » (comme le dit Lacan) dans le féminin (c'est-à-dire dans le maternel) est spontanément *parée* ou *travestie*, jouant sa féminité dans le voilement/dévoilement d'attributs imaginaires. On dégage ainsi la notion d'un transvestisme universel, dont les pervers se font sans doute les hérauts, mais pas forcément les meilleurs représentants !

Volonté

Agis comme si la maxime de ton action devait être érigée, par ta volonté, en loi universelle. (Emmanuel Kant)

Le pervers se distingue par un renoncement au désir auquel il substitue une volonté de jouissance. Deux positions incompatibles, car en effet, il faut que la jouissance soit refusée, comme le dit Lacan, pour être atteinte en quelque manière sur « l'échelle renversée du désir ». Le désir suppose d'en passer par les signifiants du désir de l'Autre, soit la demande, dont le pervers prétend absolument se passer, pressé d'atteindre la jouissance auquel lui donnent droit, de son point de vue, une maîtrise et un savoir non négociables. Seulement, la volonté dont il use n'est pas celle d'une subjectivité arbitraire et individuelle ; exactement comme chez Kant, elle place le sujet face à un impératif catégorique comme principe rationnel de l'action, auquel il ne peut que se soumettre. Le pervers obéit à un impératif de jouissance qui le dépasse, d'autant que ce n'est pas sa jouissance qui est jeu, mais celle de l'Autre (comme le désir du névrosé, c'est d'abord de soutenir le désir de l'Autre). Dépourvue de tout mobile empirique, la volonté perverse n'est pas davantage égocentrée : elle est déterminée par un principe qui lui donne sa forme de Loi, la Jouissance incarnée ici par l'objet 'a', en position de cause. Ainsi mise en place, la volonté va engendrer une division caractéristique en l'Autre, précisément entre un $ et S, soit respectivement entre ce que Lacan appelle ici le sujet de la raison pratique et le sujet pathologique (lié au plaisir, ou singulièrement, à la douleur). Le pervers rêve la jouissance en ce lieu de partage des deux sujets, au point de séparation d'avec le sensible. Donc au départ règne l'objet 'a', soit la séparation radicale du sujet de son être, laquelle ne va pas sans une aliénation première dont la séparation constitue justement une issue. La perversion réside dans ce choix de la séparation, l'identification à l'objet, après l'émergence dans l'aliénation d'un signifiant-maître (S1) comme repère et signal unique de la jouissance. Fort de la séparation, de cet appui dans l'être, le pervers va s'attacher à faire subir l'aliénation à l'Autre, au moyen d'une savante manipulation de l'objet. Ayant placé le sujet au lieu de l'Autre, il l'aliène… à la jouissance, il le force à jouir. En vain, bien entendu, car ici comme ailleurs la jouissance ne se laisse pas atteindre sans dévoiler le fantasme qui l'imaginarise. Donc la volonté de jouissance manque la jouissance de l'Autre, et ne parvient qu'à une caricature de jouissance phallique, la jouissance du langage, accréditant l'omniprésence de celle-ci « ça prêche un peu trop là-dedans », écrit Lacan à propos de Sade). Comme si le discours du pervers – spécialement du sadique - devait suppléer à la parole confisquée de la victime, à l'annulation de son désir et de son consentement. Raison pour laquelle ce n'est pas le masochiste, mais plutôt l'hystérique qui constitue la partenaire « idéal » du sadique : elle croit volontiers en la vérité du discours pervers, en témoigne, et rêve même d'en être. Elle y voit comme la négation de ses symptômes et de ses inhibitions, l'accès à une sensualité trop longtemps refoulée par le « courant tendre » dominant chez elle. Elle est une sorte de spécialiste de la division subjective, et formule la plainte qu'aucun pervers ne pourrait articuler, tellement la volonté de jouissance suffit à faire sens pour lui. Pour ce dernier, il n'y a pas d'autre sujet-supposé-savoir, et l'analyste qui s'y frotte s'en trouvera immanquablement névrotisé. Le pervers cherche à reconstituer la maîtrise perdue lors de l'aliénation, c'est pourquoi il ne cesse de provoquer l'angoisse et la division de l'Autre. Dominer et jouir sont inséparables, au point que le rapport de domination est quasiment pour lui le parangon du rapport sexuel. Evidemment, on pourrait penser que cela vaut surtout pour le sujet sadique. En réalité, si la volonté de jouissance est une constante de tout pervers, qu'il soit en position d'agent comme le sadique, ou de victime imaginaire, comme le masochiste, tous deux sont les instruments de la jouissance de l'Autre, tous deux veulent jouir en s'identifiant à l'Autre (en produisant la voix impérative ou au contraire en la provoquant). Il n'y a pas opposition entre les deux positions, mais rotation d'un quart de tour sur la même structure quadripartite (à partir de l'alternance de deux termes : l'angoisse et l'objet : cf. le Séminaire « L'Angoisse »). Il est clair en tout cas que la volonté de jouissance n'est pas la jouissance, au sens où le pervers veut surtout la jouissance de l'Autre, et plus exactement la soumission inconditionnelle de ce dernier à la jouissance. Ce qu'il voudrait, au fond, c'est donner à la pulsion la forme d'une volonté universelle ; censé incarner la jouissance de l'être, séparé en 'a', il avoue son impuissance en réclamant l'impossible : soit la jouissance de l'Autre dans l'angoisse, la division, le non-être. Ce faisant, il nous indique la seule issue possible : la jouissance de l'Autre ne saurait être l'objet d'une volonté car elle est première, en position de cause. Mais pour cela il faut «renverser» le principe de Lacan énoncé plus haut, lequel soumet la jouissance à la reconnaissance du désir de l'Autre, parce qu'en bon freudien, il place la jouissance dans l'objet et la suppose perdue...

Voyeurisme

Le regard est, comme tout objet (a), un condensateur de jouissance, un point de capture de la jouissance du corps de l'Autre, arraché à cet Autre par le tracé pulsionnel en son ratage. (Hervé Castanet)

En tant que modalité d'une position subjective perverse, le voyeurisme n'est intelligible que référé à la pulsion scopique ; inversement, cette pulsion comme toute pulsion en général ne se comprend qu'en référence au sujet et à ce qui le conditionne nécessairement, soit le signifiant. Le sujet pervers ne se définit pas comme victime de la pulsion, ou débordé par elle : d'abord parce que la perversion n'est pas la pulsion, ensuite parce que ni la pulsion ni la perversion ne peuvent être vues comme des «débordements». Pour bien comprendre la fonction réelle du regard dans le voyeurisme, il faut remonter jusqu'à la distinction freudienne de la pulsion et de l'objet. L'objet n'est qu'un élément de la pulsion, et ce n'est pas ce que la pulsion capte ou atteint comme étant de nature à la satisfaire. L'objet a une dimension paradoxalement plus subjective que cela : on verra qu'il représente nommément le sujet dans la perversion (ainsi du regard dans le voyeurisme). L'objet véritable se constitue comme l'absence même derrière la multitude « indifférente » (Freud) des objets effectivement appréhendés. La satisfaction de la pulsion, au niveau de l'objet, est impossible : l'objet est depuis toujours veau de l'objet, est impossible : l'objet est depuis toujours perdu, disparu. Si satisfaction il y a, néanmoins, ce ne peut être qu'en fonction de ce ratage et de la remise en circuit de la pulsion qu'il opère. Du coup l'objet n'est rien d'autre que ce rien, ce vide sans cesse contourné suivant les quatre figures (de l'objet 'a') que sont, d'après Lacan, le sein, les fèces, le regard et la voix. Ces quatre objets présentifient la jouissance comme absente, comme perdue, comme interdite. Inter-dite : c'est là qu'intervient le signifiant, et donc le sujet. C'est parce qu'elle est toujours jouissance d'un sujet que cette jouissance est impossible, précisément parce que le sujet «de» la jouissance (un sujet qui serait le produit de la jouissance ou pire qui la produirait) n'est pas. De même, si le parcours pulsionnel vers l'objet 'a' exclut le sujet comme tel, ce n'est pas moins d'une forme de subjectivation (« acépahle » dit Lacan) qu'il s'agit. Alors l'objet 'a', le rien particulier si cher au voyeur est naturellement le regard. Le regard qu'il faut opposer à la vision par-delà toute différence du visible et de l'invisible. Le regard lui-même est toujours éludé, invisible dans le champ de la représentation : c'est pourquoi il présentifie si bien le manque. Sans être présent, il pré-existe au champ de ma vision, qu'il conditionne et structure, en tant que rapporté au champ de l'Autre. C'est parce que je suis toujours-déjà-regardé que je peux voir, et cette structure échappe par principe à la conscience (auto-définie comme vision de soi, vision en boucle). S'il est ainsi rejeté, oublié par la conscience, c'est parce qu'il en dévoilerait l'essence narcissique. Lui même est libidinal à souhait, le regard condense pour-moi la jouissance de l'Autre, qu'isole et manque tout à la fois la pulsion en son tracé. Observons donc (si l'on ose dire) que ce n'est point un sujet, mais l'objet 'a' (en lieu et place du grand Autre) qui regarde et qui cause, surtout dans le cas du voyeur, le désir de voir. Que se passe-t-il au niveau du fantasme de celui-ci ? Comme dans tout fantasme, le sujet y est présent : il se voit, non en train de voir, mais vu-en-train-de-voir, et narcissiquement il s'identifie à ce regard attribué à l'Autre (imaginairement). Il se fait objet regard plutôt que de supporter le manque (dans l'Autre) d'où tout regard procède. Un voyeur cherche donc toujours un regard auquel il va s'identifier, où il va disparaître comme sujet : c'est d'abord en ce sens qu'il cherche la «fente», qui n'est autre en elle-même que l'objet-regard ou le manque. Mais le voyeur n'en sait rien ou n'en veut rien savoir, il voit plutôt dans cet objet le secret ultime de la jouissance de l'Autre, dont il se fait par nécessité le garant et le sauveur. Il est notoire que l'ampleur de son échec ne soit pas pour le décourager. A la limite, l'échec prévisible fait partie intégrante du fantasme : il se voit vu en train de voir, comme on l'a dit, mais l'objet regard en l'Autre, auquel il s'identifie a priori, paraît second par rapport au *vu* lui-même qui n'est en rien un objet (ni un sujet), mais le réel cause de dernière instance – encore plus « cause », si l'on peut dire, que l'objet. Le vu n'a même pas la propriété, comme ce dernier, d'être « soustrait » au champ du visible ; il n'est pas en l'Autre de la représentation mais dans l'Un du représenté, «une fois chaque fois», et n'a aucune part dans la structure du fantasme. C'est-à-dire qu'il faut distinguer le vu (du) regard de l'Autre (nul génitif ici, mais une conséquence unilatérale du vu vers le regard), seulement réel donc, et le vu de l'Autre (attribuable à l'Autre) du regard du sujet (génitif subjectif puis objectif), au niveau du fantasme.

Quelques références...

ANDRÉ Serge, *L'imposture perverse*, Seuil, 1993.

ASSOUN Paul-Laurent, *Le pervers et la femme*, Anthropos, 1989.

ASSOUN Paul-Laurent & ZAFIROPOULOS Markos (sous la direction de*), La règle sociale et son au-delà inconscient*, Anthropos, 1994.

ASSOUN Paul-Laurent & ZAFIROPOULOS Markos (sous la direction de), *La haine, la jouissance et la loi*, Anthropos, 1995.

BOURILLON Jacky, *Les criminels sexuels*, L'Harmattan, 1999.

CASTANET Hervé, *La perversion*, Anthropos, 1999.

COLLECTIF, *Le désir et la perversion*, Seuil, 1967.

COLLECTIF *Traits de perversion dans les structures cliniques*, Navarin, 1990.

COLLECTIF, Revue *Apertura*, « Perversions », n°5, 1991.

DESSAL-PIEDAD RUIZ Gustavo, « le pervers comme assistant de Dieu... sous transfert », La Lettre mensuelle de l'ECF, n° 156.

DOR Joël, *Clinique psychanalytique*, Denoël, 1994.

DOR Joël, *Structure et perversion*, Denoël, 1987.

FREUD Sigmund, *Trois essais sur la théorie sexuelle*, 1ère partie, Folio Essais, 1987.

FREUD Sigmund, *Névrose, Psychose et perversion*, PUF, 1974.

GUYOMARD Patrick (sous la direction de), *La disposition perverse*, Odile Jacob, 1999.

JURANVILLE Alain, *Lacan et la philosophie*, PUF, 1984.

LACAN Jacques, *Ecrits*, Seuil, 1966.

LACAN Jacques, *Le Séminaire*, Seuil.

MILLOT *Catherine, Gide, genet, Mishma. Intelligence de la perversion*, Gallimard, 1996.

POMMIER Gérard, *L'ordre sexuel*, Flammarion, 1995.

Entrées

www.ingramcontent.com/pod-product-compliance
Lightning Source LLC
LaVergne TN
LVHW010945051026
849532LV00003B/1143
* 9 7 8 2 7 4 7 5 2 9 8 7 7 *